DOMINIKANISCHE SPIRITUALITÄT

Dominikanische Quellen und Zeugnisse

herausgegeben von
THOMAS EGGENSPERGER OP, Düsseldorf
ULRICH ENGEL OP, Düsseldorf

in Verbindung mit
BARBARA HALLENSLEBEN, Freiburg i. Ue.
WOLFRAM HOYER OP, Wien
FRANZ MÜLLER OP, Zürich
GUIDO VERGAUWEN OP, Freiburg i. Ue. – Rom

Band 1

Dominikanische Spiritualität

DOMINIKANISCHE SPIRITUALITÄT

Herausgegeben von Ulrich Engel OP

benno
VERLAG

Die Deutsche Bibliothek – CIP-Einheitsaufnahme

Dominikanische Spiritualität/hrsg. von Ulrich Engel. - Leipzig:
Benno-Verl., 2000 (Dominikanische Quellen und Zeugnisse; Bd. 1)
ISBN 3-7462-1358-4

Dieses Buch ist nach den neuen amtlichen
Rechtschreibregeln gesetzt.
Zitate wurden in der alten Schreibweise belassen.

ISBN 3-7462-1358-4

Einbandgestaltung: Ulrike Vetter, Leipzig
Satz: Kontext – Satz & Layout, Lemsel
Printed in Czech Republic
Titelbild:
Fra Angelico, Heilige Dominikanerinnen und Dominikaner,
Ausschnitt aus: Pala di San Domenico, Florenz
(linke Tafel der fünfteiligen Predella), 32 x 21,5 cm,
National Gallery London.

Gewidmet all denen, die ich als Studentenmagister begleitet habe:

Carsten Barwasser OP
Andreas Bordowski OP
Maximiliano Cappabianca OP
Christian Cramer
Ludger Fortmann OP
Elias Füllenbach OP
Karl Gierse OP
Markus Henneböhl
Laurentius Höhn OP
Juan Carlos Huaygua OP
Bernhard Kapitzki OP
Peter Kreutzwald OP
Valdas Kuzulis
Markus Langer OP
Clemens Malecha
Roberto Medović
Thomas Möller OP
Nikolaus Natke OP
Klaus Obenauer OP
Andreas Pfannkuche
Nicolás Ramirez OP
Justin Reich OP
Osvaldo Robles OP
Martin Rosner OP
Albert Seul OP
Werner Spitzfaden
Peter Suffel OP
Uwe Weibrecht
Philipp Wagner OP
Christoph Wekenborg OP
Burkhard Werischong OP
Christoph Wölki OP
Johannes Zabel OP
Kaspars Zagorskis

INHALTSVERZEICHNIS

ERINNERUNG AN DOMINIKUS & CO.

Zur Einführung*

Ulrich Engel OP

In seinem „Libellus“ erzählt Jordan von Sachsen, der erste Nachfolger des Dominikus an der Spitze des Ordens der Predigerbrüder: Weil man nicht unter dem Deckmantel der Religiosität dem Verdacht der unlauteren Kapitalakkumulation verfallen wollte, zerstörten die Brüder des Dominikus nach dessen Tod die von glaubensstarken Menschen dem Ordensgründer dargebrachten Votivtafeln und warfen sie weg. Nichts unternahmen die ersten Dominikaner, um die Heiligsprechung des Dominikus zu fördern. Im Gegenteil: Um seine Person wurde es still; sein Grab in Bologna wurde dem Vergessen preisgegeben.[1] (Erst Jahre später – im Zuge einer Kirchenrenovierung – erinnerten sich die Ordensleute wieder ihres Gründers.)

Nun mögen die frommen Nachgeborenen den Brüdern der ersten Stunde Pietätlosigkeit und mangelnden Respekt zum Vorwurf machen. Doch so begrenzt originell solcherart Vorhaltungen sind, so wenig auch zeugen sie von Verständnis für den, dem da nach seinem Tod angeblich so übel mitgespielt wurde. Schlimmer noch: Sie verkennen die politisch-theologische Brisanz, die, symbolisch verschlüsselt, den Ereignissen von Bologna innewohnt.

---

* Vorliegender Beitrag geht im Wesentlichen auf einen älteren Aufsatz des Verfassers zurück: *U. Engel*, Erinnerung an Dominikus & Co., in: *F. Castillo u.a.*, Theologisch-politische Geburtstagsgrüße für Guido Vergauwen OP [Manuskriptdruck], Freiburg i. Ue. 1994, 73-78. Für das vorliegende Buch wurde der Text im zweiten Teil erweitert.

1 Vgl. *Meister Jordan*, Das Buch von den Anfängen des Predigerordens, übers. u. hrsg. v. M. D. Kunst (Bücher für Glauben und Leben. Dokumentarische Reihe 1), Kevelaer 1949, Nr.122f.

Dominikus und seine Leute waren (wie auch die anderen Protagonisten der Evangelischen Avantgarde im 13. Jahrhundert, namentlich Franz von Assisi und Petrus Waldes) einst angetreten, dem damals real existierenden Feudalkapitalismus, speziell innerhalb der Kirche, den Kampf anzusagen – und das in Form der lebenspraktisch verankerten, kleinen und mobilen religiösen Kommune wie auch auf der Ebene der Ideologie, kurz: der Theologie.[2] Eben nicht eingeschlossen in die Mauern des Monasteriums (damit dann aber heimatlos – und deswegen zwangsläufig bar jedweder posthumen topographischen Verortung im pompösen Grabmonument) formulierte die Brüderkommunität der Anfangszeit ihren Protest gegen das, was (damals noch mittelalterlich gezähmt) Karl Marx später den „Fetischcharakter der Ware"[3] nennen sollte. Und in der historischen Entwicklung nochmals weiter, Anfang der 20er Jahre des 20. Jahrhunderts, war es kein Geringerer als Walter Benjamin, der um den genuinen Konnex von Warenfetischismus und Kult wusste: Der „Kapitalismus [ist] eine reine Kultreligion, vielleicht die extremste, die es je gegeben hat. Es hat in ihm alles nur unmittelbar mit Beziehung auf den Kultus Bedeutung, er kennt keine spezielle Dogmatik, keine Theologie."[4]

700 Jahre zuvor schon ahnten die Brüder des Dominikus um diesen Zusammenhang, so in ihrer von Jordan bezeugten Verweigerung des potentiell gewinnträchtigen Kultes um die Person des Gründers, so auch ganz wesentlich in der intellek-

---

[2] Vgl. *T. R. Peters*, Spirituelle Dialektik. Thomas von Aquin grüßt Karl Marx, in: *Ders.*, Mystik, Mythos, Metaphysik. Die Spur des vermissten Gottes (GT.FPT 10), Mainz 1992, 26-39, bes. 28.

[3] *K. Marx*, Das Kapital. Kritik der politischen Ökonomie Bd. 1 (MEW 23), Berlin 1977, 85 u. ö.

[4] *W. Benjamin*, Kapitalismus als Religion (Fragment 74), in: *Ders.*, Gesammelte Schriften. Unter Mitwirkung von Th.W. Adorno und G. Scholem hrsg. von R. Tiedemann / H. Schweppenhäuser (7 Bde. in 14 Teilbänden), Frankfurt/M. 1991 [im folgenden zit. als „GS"], IV, 100-103, hier 100. – Übrigens rekurriert Benjamin in diesem Zusammenhang (ebd. 102) ausdrücklich auf das Bettelmönchtum!

tuellen Anstrengung eines Albertus Magnus und vor allem eines Thomas von Aquin. Hier artikulierte die Gemeinschaft die Grundzüge ihres politisch-kritischen Programms. Gegen ein Denken, das in augustinisch-neuplatonischer Tradition Erkenntnis als Erleuchtung, Eingeweihtsein und Illumination – also primär gnoseologisch und esoterisch – verstand, setzte vor allem Thomas auf die Wende zur Welt. Im Zuge seiner Aristoteles-Rezeption wurde Theologie zur (schlussfolgernden) Begründungswissenschaft. Das Anliegen des Aquinaten: Er wollte die Religion nicht nur verbreiten, sondern – und das war qualitativ neu – vernunftgegründet erklären.[5] „Das ist religiöse ‚Alphabetisierung', Demokratisierung des Wissens, Emanzipation der Vernunft und des Geistes. Mitten in der Evangelischen Bewegung erblüht ein Humanismus, der zu einer unglaublichen Befreiung des Denkens und politischen Handelns führt, zumindest für einen kurzen historischen Augenblick."[6]

Wenn es heute darum geht, wieder neu ein Bild von Dominikus und seiner Kommunität zu zeichnen, dann braucht es unerlässlich die Erinnerung an die geschilderte Theorie-Praxis-Dialektik der Anfänge, bedarf es notwendig einer Geschichtsschreibung, die sich im Sinne Konrad Farners als revolutionäre Selbstprüfung versteht.[7] Dabei hat sich ein solches Revisionsunternehmen in eigener Sache vor der auch zur dominikanischen Tradition gehörigen Hintergrundfolie von inquisitorischem Fanatismus (vor allem praktiziert durch Tomás de Torquemada), existenzvernichtender Ausgrenzung

---

[5] Vgl. *T. R. Peters*, Conversio ad passionem. Zur Wahrheit Politischer Theologie, in: *Th. Eggensperger / U. Engel* (Hrsg.), Wahrheit. Recherchen zwischen Hochscholastik und Postmoderne (WSAMA.P 9), Mainz 1995, 264-275, bes. 264-267.

[6] *Ders.*, Spirituelle Dialektik, a.a.O., 28f.

[7] Vgl. dazu *K. Farner*, „Unterscheidendes" und Geschichtsschreibung als revolutionäre Selbstprüfung. Zu Gonsalv Mainberger OP, in: *Ders.*, Marxistisches Salz für christliche Erde. Christliches Salz für marxistische Erde. Aufsätze von einem Marxisten im Auftrag von Christen für Christen geschrieben (Polis 44), Zürich 1971, 61-66, bes. 63-66.

(vorexerziert an Giordano Bruno), formalistischem Observanzgebaren (vertreten durch Père Jandel) und vielem anderen mehr zu verantworten.[8] Die entscheidenden Maßstäbe für eine solche kritische Memoria-Arbeit, die der Geschichtsmächtigkeit des mittelalterlichen Ordensprojekts in seiner gesamten Dialektik von ‚gut' und ‚böse' eingedenk ist, sind m. E. wieder bei Walter Benjamin zu finden. Dessen Thesen „Über den Begriff der Geschichte"[9] reden einer Praxis der Erinnerung das Wort, die – wie Jürgen Ebach gezeigt hat – eng mit dem jüdischen Zeitverständnis verknüpft ist.[10] Erinnerungspraxis wird so zur Lebenspraxis – und umgekehrt. Oder wie es der große (als solcher leider verkannte) Philosoph Charlie Brown einmal so treffend formulierte: „Ich hoffe immer noch, dass gestern besser wird."[11]

In dialektischer Verschränkung ergänzen sich die Kontinuität in der Abfolge der Generationen (also das, was Edward Schillebeeckx ‚dominikanische Familiengeschichte' genannt hat[12]) und das Heraussprengen entscheidender Einzelereignisse aus dem Kontinuum der Geschichte (in Benjamins Diktion „der Tigersprung ins Vergangene"[13]). Erst eine hinsichtlich ihrer Zeitstruktur so doppelt verankerte und zugleich praktisch verfasste Erinnerung wird dem Projekt des Dominikus und seiner Leute ‚Zukunft' eröffnen. Grabmonumente sind dann nicht mehr erforderlich.

---

[8] Zur dominikanischen Ordensgeschichte insgesamt vgl. *Th. Eggensperger / U. Engel,* Frauen und Männer im Dominikanerorden. Geschichte – Spiritualität – aktuelle Projekte, Mainz 1992, bes. 13-143.

[9] *W. Benjamin*, Über den Begriff der Geschichte, in: GS I/2, 691-704.

[10] Vgl. *J. Ebach*, „In Deiner Hand meine Zeiten" (Psalm 31,16). Biblische Erinnerungen zur Zeit, in: *Ders.*, Biblische Erinnerungen. Theologische Reden zur Zeit (SWI …außer der Reihe 14), Bochum 1993, 185-202, bes. 190-194.

[11] Zit. nach: *J. Ebach*, „Hoch und heilig wohne ich – und bei den Zermalmten und Geisterniederten". Versuch über die Schwere Gottes, in: *F. Crüsemann u.a.*, Auf Israel hören. Sozialgeschichtliche Bibelauslegung, Luzern 1992, 85-113, hier 103.

[12] Vgl. *E. Schillebeeckx*, Dominikanische Spiritualität, in diesem Buch, 43ff.

[13] *W. Benjamin*, Über den Begriff der Geschichte, a.a.O., 701 (These XIV).

Vonnöten aber ist, dass die Nachfahren die Augen öffnen – denn die Vergangenheit, so lehrt uns die hebräische Sprache, liegt vor uns und unseren Augen (hebr.: *lifne*), die Zukunft jedoch in unserem Rücken (hebr.: *acharon, acharit*). Vielleicht nicht von ungefähr hat Henri Matisse seinem Dominikus-Bild im Dominikanerinnenkloster zu Vence (Südfrankreich) kein Antlitz, keine Gesichtszüge und eben auch keine Augen gegeben. Die Aufgabe des wahrnehmenden Eingedenkens, der Gestus der offenen Augen, ist heute immer wieder neu und aktuell den nachgeborenen Brüdern und Schwestern des Dominikus aufgetragen.

Diesem Anliegen wissen sich die neu inszenierte Reihe „Dominikanische Quellen und Zeugnisse" (treu und zugleich kritisch an die Tradition des 1927 in Vechta i. O. gegründeten „Dominikanischen Geisteslebens" anknüpfend) wie auch deren hier präsentierter Eröffnungsband verpflichtet.

Zum Buch

Die für das vorliegende Buch ausgewählten Artikel zum Thema „Dominikanische Spiritualität" entstammen ausnahmslos den letzten zweieinhalb Jahrzehnten. Insofern jedoch alle Beiträger ihre Reflexionen historisch zu begründen bemüht sind, bietet das Buch ein notwendiges *link* zwischen Vergangenheit und Gegenwart: dominikanische Gründungserfahrungen werden mit aktuellen Identitätsvergewisserungen verknüpft, um auf diese Weise Zukunftsorientierungen zu eröffnen.[14]

Dominikanische Spiritualität funktioniert nicht monologisch, sondern allemal nur dialogisch, kommunikativ, brüder-

---

[14] Damit erheben das vorliegende Editionsprojekt wie auch die „Dominikanischen Quellen und Zeugnisse" in Gänze Einspruch gegen die – hier mit Cees Nooteboom formulierte – These Marc Blochs, nach der sich ein „historisches Phänomen (…) außerhalb des Zeitpunktes, zu dem es sich ereignet hat, auf keinerlei Weise verstehen [lässt]" (*C. Nooteboom*, Allerseelen. Roman, Frankfurt/M. 1999, 218). Allein schon die fast 800jährige Existenz des Dominikanerordens widerlegt die zitierte Ansicht.

lich-schwesterlich, demokratisch. Aus diesem Grund bietet keiner der hier zusammengestellten Aufsätze eine abschließende Definition dessen, was dominikanische Spiritualität ist. Erst im Zuge der Lektüre *aller* Artikel – in ihrer ganzen Vielfalt wie auch in ihren zweifelsohne vorhandenen Widersprüchen – scheint ein Text auf, der die Überschrift „Dominikanische Spiritualität" verdient: eben eine vorläufige Textur – ein „textiles Geflecht" –, das von den heute und zukünftig lebenden Mitgliedern des Ordens weitergeschrieben, bestätigt, revidiert und erneuert (werden) wird. Dominikanische Spiritualität ist immer *work in progress* – oder sie ist nicht!

Speziell eine Zeit wie die unsere an der Schwelle eines neuen Millenniums, zu deren Signatur ganz wesentlich ein auf breiter Ebene wiedererwachtes Interesse am – im weitesten Sinne – „Spirituellen" zählt, fordert Dominikanerinnen und Dominikaner heraus, ihre fast 800jährige geistig-geistliche Tradition als ein Angebot an „alle Menschen guten Willens" – innerhalb und außerhalb der eigenen Reihen – zu formulieren. Dabei kann deutlich gemacht werden, dass eine Spiritualität in der Nachfolge des Domingo de Guzmán nicht esoterisch und schwärmerisch, sondern theologisch reflektiert daherkommt.

Einer solchen, immer auch der Vernunft zugänglichen Spiritualität reden die versammelten Autoren das Wort. Diesem Anliegen wissen sich denn auch das hier begonnene Editionsprojekt im ganzen wie auch die vorliegende Sammlung im besonderen verpflichtet, indem nicht mehr zugängliche, nur mit großen Mühen auffindbare oder bislang noch nicht ins Deutsche übersetzte Texte einem breiten interessierten Publikum – innerhalb und außerhalb des Ordens – wieder bzw. neu zugänglich gemacht werden.

Die Beiträge dieses Buches stammen allesamt von in Sachen „Dominicana" ausgewiesenen Autoren; ohne Ausnahme sind sie Mitglieder des Ordens. Dass fast ausschließlich Männer zu Wort kommen, unterstreicht das Desiderat, welches die Ausarbeitung neuer, aus spezifischer Frauensicht heraus formulierter Deutungen dominikanischer Spiritualität dringlich einfordert.

Dank

Dank gebührt all denen, die mitgeholfen haben, dass diese Sammlung realisiert werden konnte: den Autoren und den Rechteinhabern, die in unkomplizierter Weise dem Wiederabdruck bzw. der Neuübersetzung der Artikel zugestimmt haben, den für die „Dominikanischen Quellen und Zeugnisse" Verantwortlichen, die spontan bereit waren, mit vorliegendem Buch die neue Publikationsreihe zu eröffnen, in ganz besonderer Weise Maximiliano I. Cappabianca OP, Thomas Eggensperger OP, Urban Federer OSB, Viktor Hofstetter OP und Peter Spichtig OP für das oftmals mühsame Geschäft des Übersetzens, Hans-Josef Harbecke (Düsseldorf) für wertvolle technische Hilfe beim Einlesen einer ganzen Reihe von Texten, Michael Birkner (Leipzig), dem Geschäftsführer des St. Benno-Verlags, für seine freundliche Kooperationsbereitschaft, und *last but not least* meiner Kommunität in Düsseldorf, in deren Mitte ich an diesem Büchlein arbeiten konnte. Gewidmet sei das Buch all denen, die ich seit 1996 als Studentenmagister der Dominikaner-Provinz Teutonia in ihrer Ausbildung begleitet habe.

Düsseldorf, am 8. August 1999,
dem Fest des Hl. Dominikus

Ulrich Engel OP

ZUR DOMINIKANISCHEN SPIRITUALITÄT

Meinolf Lohrum OP

1. Dominikus

Geboren um 1170 in Caleruega (Spanien) war Dominikus nach dem Studium der Freien Künste und der Theologie 1196 in das Domkapitel zu Osma eingetreten und hatte die Priesterweihe empfangen. Die Kanoniker von Osma führten damals ein klösterliches Gemeinschaftsleben nach der Regel des hl. Augustinus. Sie widmeten sich der Feier der Liturgie und dem Gebet. Nur gelegentlich übernahmen sie seelsorgliche Aufgaben und die Predigt. Aus diesem kontemplativen Leben wurde Dominikus herausgerissen, als er mit seinem Bischof Diego de Acebes nach dem Norden reiste. In Südfrankreich begegneten sie der Irrlehre der Katharer, die in diesem Land viele Christen von der Wahrheit des Evangeliums abgebracht und eine große Gefahr für die Kirche heraufgeführt hatten.

Hier begann Dominikus mit einer neuen Missionsmethode: Wie die Ketzerprediger zog er als armer Wanderprediger bettelnd umher und verkündete die Wahrheit des Evangeliums, disputierte mit den Häretikern und führte irregeleitete Menschen zur Kirche zurück. Im April 1215 gründete er in Toulouse einen Orden, der unerhörte Neuerungen aufwies: Dominikus und seine Brüder verkündeten die Wahrheit des Evangeliums in evangelischer Armut. An die Stelle der körperlichen Arbeit bei den Mönchen trat das Studium. Den gegenwärtigen und zukünftigen Mitgliedern wurde der Predigtauftrag erteilt. *Die Übertragung des Predigtamtes an eine Gemeinschaft, selbst den zukünftigen Mitgliedern auf Lebenszeit, stellte eine schwerwiegende Neuerung dar und bedeutete einen entscheidenden Abschnitt in der Entwicklung des kirchlichen Pastoralsystems.* Papst Innozenz III. erkannte das an, verlangte jedoch entsprechend den Beschlüssen des 4. Laterankonzils 1215 die Annahme einer bestehenden Regel. Dominikus und seine Brüder übernahmen die Augustinusregel und beschlossen Konstitutionen einer strengen Lebensform, die das liturgische Leben (Eucharistiefeier, das feierlich in der Kirche rezitierte Stundengebet, das morgendliche Kapitel), das aszetische Leben (Fasten vom 14. September bis Ostern, ständiger Verzicht auf Fleisch, hartes Strohlager, ärmliche Wollkleidung) und das kontemplative Leben regelten. Dem kontemplativen Leben fügte Dominikus die Predigt hinzu und brachte so eine Veränderung der Ordenstradition. Er richtete das Ordensleben auf dem Wege über das Studium und die Kontemplation stark auf die Verkündigung aus. Das Leben nach einer strengen Regel bereitete auf den Dienst der Verkündigung durch Wort und Beispiel vor.

Auf den Generalkapiteln 1220 und 1221 zu Bologna vollendete Dominikus sein gesetzgeberisches Werk. Dabei zeigte sich sein Gemeinschaftssinn. Er trat bei den großen Entscheidungen vor dem gemeinsamen Beschluss der Brüder zurück. Aber die Gesetzestexte atmen den Geist des hl. Dominikus. Die wichtigste Erfahrung seines Lebens ließ er für seine Brüder hineinschreiben: „Als Männer des Evangeliums auf den Spuren ihres Erlösers“[1].

Am 6. August 1221 starb Dominikus in Bologna. Wenn der Orden so schnell erfolgreich wurde, so deshalb, weil Dominikus die Ideen der religiösen Armutsbewegung mit ihrer Forderung nach evangelischer Armut und apostolischer Wanderpredigt aufgriff und ihr einen Platz in der Kirche gab. Damit erfüllte er die Erwartung vieler Menschen; Erwartungen der Christen allgemein als auch des Papstes und der Bischöfe. Es bleibt das Verdienst des hl. Dominikus, diese neue Art des Ordenslebens, die für die Kirche so fruchtbar wurde, klar

---

[1] *H. M. Vicaire*, Geschichte des hl. Dominikus (2 Bde.), Freiburg/Br. – Basel – Wien 1962/63, II, 170.

erkannt und verwirklicht zu haben. Er schuf eine neue Form des Ordenslebens und der Seelsorge, die beispielgebend wurden für alle späteren Seelsorgsorden. Dominikus verband Kontemplation und Seelsorge miteinander.

2. Wesenselemente dominikanischer Spiritualität

Bis zur Zeit des hl. Dominikus war die Predigt Sache des Bischofs. Aber die Bischöfe waren dazu oft nicht in der Lage „wegen der Vielfalt ihrer Arbeiten, der Schwachheit ihres Leibes, der Angriffe ihrer Feinde … nicht zuletzt wegen ihres mangelnden Wissens“, wie das 4. Laterankonzil feststellte.[2] Dominikus und seine Brüder stellten sich als Mitarbeiter und Stellvertreter des Bischofs in Sachen der Verkündigung zur Verfügung und erfüllten damit die Forderung des Konzils nach geeigneten Predigern. Somit war die Aufgabe des Ordens in der Kirche klar: Predigt der Wahrheit des Evangeliums in der Nachfolge des Herrn und nach dem Beispiel der Apostel. Der erste Orden für die Verkündigung war gegründet.

Thomas von Aquin bringt in seiner Summa theologica eine Unterscheidung der verschiedenen Orden vom Ziel her:

„Alle Orden sind darin gleich, dass sich der Mensch gänzlich dem Dienste Gottes weiht.“[3] „Der Unterschied zwischen dem einen und dem anderen Orden bestimmt sich in erster Linie vom Ziel her, erst in zweiter Linie von der Tätigkeit her.“[4]

Für Thomas besteht also das spezifische Element, auf dem der wesentliche Unterschied eines Ordens basiert, in der Verschiedenheit der von den Orden intendierten Zielen. Diese unterschiedlichen Ziele bewirken die Verschiedenheit der

---

2 Monumenta Ordinis Fratrum Praedicatorum historica XXV: Monumenta diplomatica S. Dominici, Rom 1966, 61 (folgend zit. als „MOPH XXV“).

3 *Thomas von Aquin*, Summa theologica, Secunda Secundae, Rom 1894, 188/1 ad 1, 1252.

4 Ebd. 188/6, 1260.

Spiritualität eines Ordens. In der Ausrichtung auf das Ziel beruht eigentlich das Wesen jeder Konkretisierung christlicher Spiritualität.

2.1 Die Predigt

Dominikus war Prediger. Im Heiligsprechungsprozess sagten Zeugen über ihn aus:

„Mit so viel Eifer versah er das Predigtamt, daß er Tag und Nacht, in Kirchen und Häusern, auf Feldern und Wegen, kurz, überall das Wort Gottes verkünden und nur mehr von Gott reden wollte … Durch das Wort und ebenso sehr durch das Beispiel eines heiligmäßigen Lebens.“[5]

Mehrmals lehnte Dominikus das Bischofsamt ab, um frei zu sein für die Predigt. Auch seine Brüder sollten in Freiheit und Demut predigen.

„Und wenn er wußte, daß irgendein Bruder mit Erfolg predigte, so verbot er, ihm irgendein Amt anzuvertrauen.“[6]

Die Wahrheit des Glaubens sollte nicht nur wie bis dahin durch einen Prediger verkündet werden, der Macht und Ansehen besitzt wie der Bischof oder der Pfarrer, sondern durch einen geistlichen Menschen, der nur jene Autorität besitzt, die ihm aus seiner kirchlichen Sendung und aus dem Leben nach dem Evangelium kommt.[7] Papst Honorius III. bezeichnete die Brüder als Prediger[8] und nannte die Gründung des hl. Dominikus Predigerorden („fratres ordinis Praedicatorum“)[9].

---

[5] Monumenta Ordinis Fratrum Praedicatorum historica XVI: Monumenta historica S.P.N. Dominaci II: Libellus Jordani de Saxonia de principiis Ordinis Praedicatorum (3-87) et Acta canonizationis S. Dominiaci (89-194), Rom 1935, 182f. (folgend zit. als „MOPH XVI“).

[6] Ebd., 151.

[7] Vgl. *H. M. Vicaire*, Geschichte des hl. Dominikus, a.a.O. I, 198.

[8] MOPH XXV, 78.

[9] Ebd., 87.

• Predigt und Heil der Menschen

Die jetzigen Konstitutionen des Ordens der Predigerbrüder, auf dem Generalkapitel 1968 approbiert, umschreiben das Ordensziel:

„Der Orden der Predigerbrüder des hl. Dominikus ist ja ‚bekanntlich von Anfang an vor allem für die Predigt und das Heil der Menschen gegründet worden'. Daher sollen sich unsere Brüder, nach der Weisung des Stifters, ‚überall um ihr eigenes Heil und das der anderen bemühen'."[10]

Die Predigt und das Heil der Menschen werden als Aufgabe des Ordens genannt. Diese beiden Begriffe haben nicht den gleichen Bedeutungsinhalt. Als Ziel die Predigt oder das Heil der Menschen zu haben, ist schon ein ziemlicher Unterschied. Wenn man beide Begriffe gleichsetzte und nicht der zweite eine komplementäre Bedeutung hätte, wäre vom Ziel her jede Form des Apostolates im Dominikanerorden möglich und er würde sich in bezug auf das Ziel in nichts von anderen an apostolischen Orden unterscheiden.

Es ist also nach dem Verhältnis der beiden Begriffe „Predigt" und „Heil der Menschen" zu fragen.

Wenn man die gegenwärtigen Konstitutionen durchforscht, findet man Formen des Apostolates, die zwar dem Heil der Menschen dienen, aber im strengen Sinne nicht Predigt genannt werden können. Es wird empfohlen, Forschungszentren zu errichten bzw. darin mitzuarbeiten, die sich mit ökumenischen Fragen befassen[11], in denen das religiöse und sozial-kulturelle Erbe der Missionsländer studiert wird[12] und die sich mit sozialen Problemen auseinandersetzen[13]. Die Missionare sollen sich um die schulische Erziehung der Jugendlichen und Heranwachsenden bemühen.[14]

---

[10] Liber Constitutionum et Ordinationum Ordinis Fratrum Praedicatorum, Rom 1969, 1, II (folgend zit. als „LCO"; die Konstitutionen werden nach Nummern zitiert).

[11] LCO 130.

[12] LCO 121.

[13] LCO 133.

[14] LCO 122.

„Die Brüder sollen in unseren eigenen und in anderen Universitäten, Instituten, wissenschaftlichen Zentren und Schulen verschiedenster Art mitarbeiten, vor allem als Professoren, theologische Berater und als geistliche Beiräte."[15]

Hatte es im 19. Jahrhundert noch eine heftige Auseinandersetzung im Orden gegeben, ob Schulen dem Ordensziel entsprechen[16], so heißt es in den Konstitutionen von 1932:

„Unter Wahrung des Hauptzieles ist es unserem Orden nicht fremd, daß von unsern Brüdern katholische Schulen und Kollegien für die Erziehung der Jugend errichtet werden."[17]

Dominikus lehnte die Übernahme von Pfarreien ab, weil er keinerlei amtliche Seelsorge auf sich nehmen wollte, die irgendwelche Bindungen auferlegte. In der Mitte des 13. Jahrhunderts wurde in die Konstitutionen das Verbot, Pfarreien anzunehmen, aufgenommen[18]; aber in der Praxis hielt man sich bald nicht mehr daran. Der Ordensmeister P. Jandel lehnte 1868 die Übernahme einer Pfarrei in Berlin ab, nicht aus Gründen des Ordenszieles, sondern der Observanz.[19] Aus demselben Grund verlangten die Konstitutionen von 1932 eine Einschränkung der Pfarrseelsorge.[20] Die jetzigen Bestimmungen begründen die Zurückhaltung aus dem Ordensziel:

„In jeder Provinz muß die Zahl der Pfarreien in Grenzen gehalten werden, damit genügend Mitbrüder übrig bleiben, die für andere Formen des Dienstes am Gotteswort ganz frei sind."[21]

---

15 LCO 103, I.

16 P. Lacordaire hatte deswegen bei der Restauration des Ordens in Frankreich 1852 die Congregatio S. Dominici pro educanda juventute gegründet, die 1957 in den Predigerorden überging.

17 Constitutiones Fratrum sacri Ordinis Praedicatorum, Rom 1932, 726.

18 „Possessiones seu redditus nullo modo recipiantur: nec ecclesie quibus animarum cura sit annexa": Analecta sacri Ordinis Fratrum Praedicatorum, Rom 1893ff., 3, 99f.

19 Vgl. *M. Lohrum*, Die Wiederanfänge des Dominikanerordens in Deutschland nach der Säkularisation 1856-1875 (WSAMA.T 8), Mainz 1971, 157.

20 Vgl. Constitutiones Fratrum sacri Ordinis Praedicatorum, Rom 1932, 782.

21 LCO 128, II.

Eine ähnliche Vorschrift gilt bezüglich der Missionsgebiete: „In den Missionen sollen die Oberen stärker um die Einrichtung von Konventen bemüht sein als um die Übernahme oder Beibehaltung von Territorien, damit die Brüder möglichst unbehindert den Dienst am Wort erfüllen können, entsprechend dem Charisma des Ordens.“[22]

Wenn man die Gesetzgebung des Ordens zurückverfolgt bis in die Anfänge, dann wird klar: das spezielle und wesentliche Ziel des Ordens ist die Predigt. *Die Predigt wiederum ist ausgerichtet auf das Heil der Menschen.* Die ältesten Konstitutionen sprechen von keiner anderen Form des Apostolates als von der Predigt. Auch die päpstlichen Dokumente, die ersten Ordensmeister[23] und die ersten Generalkapitel nennen nie Werke, die nicht auf die Predigt zurückzuführen sind. Die Predigt und nicht das Heil der Menschen im allgemeinen war und ist das spezielle Ziel des Ordens, der um dieses Zieles willen Predigerorden genannt wurde.

Auch der Tenor der jetzigen Konstitutionen geht eindeutig in diese Richtung. Das Kapitel, das die apostolischen Aufgaben des Ordens behandelt, ist überschrieben: „Der Dienst am Wort“[24].

„Unsere Kirchen sollen Mittelpunkte der Predigt, des liturgischen Lebens, der christlichen Gemeinschaft und apostolischen Ausstrahlung sein.“[25] „Die Mitbrüder, die im Pfarrdienst stehen, sollen sich mit allem Eifer ihrer Aufgabe widmen, besonders durch den Dienst am Wort.“[26]

Die Aufgabe des Ordens ist die Predigt, auch wenn sie im weitesten Sinne des Wortes verstanden wird, die naturgemäß auf das Heil der Menschen ausgerichtet ist.

---

[22] LCO 112.

[23] *Humbert von Romans*, De vita regulari (2 Bde.), Rom 1888/89, II, 39: „Differunt autem isti duo fines, quia unus, scilicet praedicatio, est sub alio, scilicet salute animarum. Item primus est magis proprius, secundus magis communis.“

[24] LCO 98.

[25] LCO 126.

[26] LCO 127.

• Predigt und Lehre

Die gegenwärtigen Konstitutionen erklären:

„Es gehört wesentlich zur dominikanischen Berufung, durch Wort und Schrift die Theologie und andere Disziplinen zu lehren, die der Ausbreitung und dem tieferen Verständnis des Glaubens dienen."[27]

In den vorausgehenden Konstitutionen wird gesagt, dass mit dem eigentlichen Ziel des Ordens, zu predigen, die Lehre und die Verteidigung des kath. Glaubens verbunden sei.[28]

Der Orden sei nicht nur ausgerichtet auf die Predigt im strengen Sinn, sondern auch auf die Lehre der Wahrheit, wiederholen die verschiedenen „Declarationes" der Konstitutionen.[29]

Aber es ist zu fragen, ob das Wort „predigen" im Dominikanerorden von Anfang an eine solche Weite hatte. In keiner der zahlreichen Bullen des Papstes Honorius III., die er an die ersten Mitglieder des entstehenden Ordens richtet oder in denen er auf die Dominikaner zu sprechen kommt, spielt er auf die Lehrtätigkeit an. Aber in allen diesen Schreiben betont er, dass sie die Sendung haben, das Wort Gottes zu verkünden, dass sie in besonderer Weise zum Predigtamt erwählt sind und sich ihm ganz weihen sollen.[30] Männer, „die uneingeschränkt einzig zur Verkündigung des Wortes Gottes bestellt sind"[31], nennt Honorius III. sie.

Der Begriff „predigen" in diesen Dokumenten muss im strengen Sinne verstanden werden. Denn in einem Brief an alle Bischöfe vom 22. November 1219, in dem Honorius III. ihnen

---

27 LCO 102.

28 Constitutiones Fratrum sacri Ordinis Praedicatorum, Rom 1932, 3, I.

29 „Ordo noster Praedicatorum, qui ex sua prima institutione est principaliter, essentialiter, et nominatim ad docendum et praedicandum … institutus" (1690): Constitutiones Fratrum sacri Ordinis Praedicatorum, Rom 1932, 13; „Religio …, quae est ordinata ad contemplandum et contemplata aliis tradendum per doctrinam et praedicationem" (1505): *P. Lippini,* La Spiritualità Dominicana, Bologna 1958, 51.

30 Vgl. MOPH XXV, 71ff.

31 Ebd. 145.

die Vorschrift des 4. Laterankonzils ins Gedächtnis ruft, theologische Schulen einzurichten, macht er keine Anspielung auf die Predigerbrüder.[32] Er hätte es sicher getan, wenn er darin eine Aufgabe des Ordens gesehen hätte. Der Papst hat nämlich in einer Bulle vom 11. November 1219 den Bischöfen die Predigerbrüder als unersetzliche Persönlichkeiten angeboten, die ihnen ermöglichen, die Verpflichtungen des 4. Laterankonzils bezüglich des Predigtauftrags zu erfüllen.[33]

Dominikus erkannte klar die Wichtigkeit des Studiums. Er selbst führte seine ersten Brüder zum Magister des Domkapitels in Toulouse, damit sie dort Vorlesungen hören konnten. Bei der Aussendung der Brüder im August 1217 bestimmte er die weitaus größte Gruppe für Paris, um dort zu predigen, einen Konvent zu gründen und an der Universität, dem theologischen Zentrum des christlichen Abendlandes, zu studieren. Wenig später gründete Dominikus einen Konvent in Bologna, dem zweiten Mittelpunkt der Gelehrsamkeit innerhalb der Kirche. Vornehmlich in den Universitätsstädten warb er um neue Mitglieder für seinen Orden und konnte auch eine ganze Reihe Studenten und Professoren gewinnen, u. a. seinen Nachfolger Jordanus von Sachsen, der an der Pariser Universität lehrte.

Das erste Generalkapitel 1220 beschloss, dass jeder Konvent einen Lektor haben müsse. Für dieses Studium bestimmte man besondere Orte, Stundenpläne, Programme und Übungen, welche die klösterliche Tradition bis dahin nicht gekannt hatte. An die Stelle der Repetition, wie sie an den damaligen Schulen üblich war, trat die theologische Disputation.[34] So entstand die theologische Konventsschule. Sie hatte die Aufgabe, die Prediger auszubilden und weiterzubilden. Sie sollte auch auf den Ortsklerus ausstrahlen. Bischof Konradin von Metz forderte in einem Brief vom 22. April 1221 seine Untergebenen auf, den Predigerbrüdern bei der Beschaffung eines

---

[32] Ebd. 107.

[33] Ebd. 105.

[34] Vgl. *H. M. Vicaire*, Geschichte des hl. Dominikus, a.a.O. II, 163.

Klosters zu helfen: denn „ihre Gegenwart wäre nicht nur den Laien durch die Predigten sehr nützlich, sondern würde auch den Klerikern Nutzen bringen durch theologische Vorlesungen“[35]. Da vielfach andere Schulen fehlten, wurden die Konventsschulen der Predigerbrüder auch von Klerikern besucht; sie wurden immer mehr zu öffentlichen Schulen.

Die Lehrer dieser Konventsschulen mussten in Paris ausgebildet werden, weil dort die allgemeine Lizenz für Theologie erteilt wurde. Da die Diözesansynode von Paris den Ordensleuten verboten hatte, ihr Kloster zu verlassen, um Vorlesungen zu hören, bat der Papst den Magister Johann von Barastre, seinen theologischen Lehrstuhl in das Haus der Predigerbrüder zu verlegen. Das Generalkapitel 1220 richtete den Orden auf eine Universität aus, was sich in der Folgezeit noch verstärken sollte. Diese Entwicklung förderte vor allem Jordanus von Sachsen, 1222–1237 Ordensmeister, der selber aus dem Universitätsmilieu kam und mehr noch als Dominikus Studenten und Professoren für den Orden gewinnen konnte. Durch glückliche Umstände erhielten die Predigerbrüder bald Lehrstühle an den Universitäten Paris, Bologna, Oxford und Toulouse. Da der Pariser Konvent nicht in der Lage war, die vielen Studenten aufzunehmen, die zu Lektoren ausgebildet werden sollten, entstanden 1248 neue Generalstudien in Montpellier, Bologna, Köln und Oxford, denen bald weitere folgten. Aus diesen Generalstudien gingen nicht selten Universitäten hervor.

Unerwartet trat neben die strenge Predigttätigkeit eine andere Aufgabe, die aber der Predigt dienen sollte. In einer Zeit, wo die Philosophie des Aristoteles zu einer ernsten Gefahr für das christliche Denken wurde, sah der Orden eine Aufgabe darin, sich wissenschaftlich damit auseinanderzusetzen. Albertus Magnus und Thomas von Aquin waren hier bahnbrechend. Beide übten großen Einfluss auf das Studium und die Lehrtätigkeit des Ordens aus. Die Lehre der Theolo-

---

35 MOPH XXV, 157f.

gie wurde mit der Predigt gleichgestellt, so dass der Ordensmeister Stefan von Besançon 1292 in einem Brief als Ziel des Ordens „lehren und predigen“ nannte.[36] Thomas von Aquin hat vor allem das intellektuelle Leben des Ordens geprägt. Die Generalkapitel verpflichteten den Orden auf seine Lehre.

Für viele wurde der ordo praedicatorum zu einem ordo doctorum. Dominikus selbst war Prediger. Sein Apostolat bestand darin, zu predigen, Beichte zu hören, mit den Menschen zu sprechen, zu trösten und zu beschwören. Spätere Versuche, die aus ihm einen Professor in Palencia, Rom, Bologna und einen Magister Sacri Palatii machen wollen, sind genau so falsch wie die Behauptung, er sei Inquisitor gewesen.

Wenige Jahre nach dem Tod des hl. Dominikus wurde die Bedeutung des Wortes predigen weiter gefasst: lehren und die Wahrheit der christlichen Lehre verbreiten. Nicht irgendeine Lehrtätigkeit entspricht dem Ordensziel, sondern die, welche wirklich eine Form der Verkündigung ist. Die Predigt muss immer die Haupttätigkeit des Ordens bleiben. Das Ziel des Dominikanerordens ist die Predigt, Predigt auch im weiten Sinn: die Lehre der Wahrheit des Glaubens.

2.2 Die Kontemplation

Dominikus war vom kontemplativen Leben in Osma geprägt, als er seine Predigttätigkeit begann. Er wusste, dass ohne Gebet seine Predigt keinen Erfolg hatte. In Prouilhe hatte er 1207 ein beschauliches Frauenkloster gegründet, damit die Schwestern sein Apostolat mit ihrem Gebet unterstützten. Dominikus widmete sich selbst intensiv dem Gebet. Mit Begeisterung nahm er am Chorgebet teil, mit inniger Anteilnahme feierte er die Eucharistie. Er betete unterwegs in den

---

[36] Monumenta Ordinis Fratrum Praedicatorum historica V: Litterae encyclicae Magistrorum Generalium Ordinis Praedicatorum 1233-1376, Rom 1900, 158.

Wäldern und Herbergen. Oft brachte er die ganze Nacht im Gebet zu. Er schlief kurz in der Kirche, wenn ihn der Schlaf übermannte, den Kopf auf einer Altarstufe, um dann das Gebet wiederaufzunehmen. Sein betrachtendes Gebet begleitete er mit Gesten und Körperhaltungen, die ein einzigartiges Beispiel des leiblichen Betens in der christlichen Tradition darstellen.[37] Aus diesem hingebenden Gebet floss seine glühende Predigt und die prophetische Entschlossenheit seiner Entscheidungen.

- Die Kontemplation in der Gesetzgebung des Predigerordens

Neben der Predigt war für Dominikus und seine Brüder das kontemplative Leben kennzeichnend. In den gegenwärtigen Konstitutionen heißt es, dass „Predigt und Lehrtätigkeit aus der Fülle der Kontemplation fließen sollen"[38]. Dieses Element darf nicht als irgendein Mittel in Ausrichtung auf die Predigt verstanden werden, sondern es geht auch dieses in das Ziel des Ordens ein. Die Kontemplation ist ihrem Wesen nach über die Predigt erhaben. Auch wenn, wie im Dominikanerorden, die Kontemplation im Zusammenhang mit dem Apostolat gesehen wird, so kann man doch nie von einer Hinordnung sprechen, wie z. B. das Studium in bezug auf eine zu haltende Predigt. Man kann nur von einer Quelle oder Ursache sprechen, welche es enthält und einschließt.

Der Orden hat die Kontemplation immer auch verstanden als etwas, aus dem das Apostolat hervorgeht. Predigt und Kontemplation begründen aber nicht zwei verschiedene Ziele, durch zwei verschiedene Beweggründe intendiert und gewollt. Anders ausgedrückt: *Der Dominikaner erstrebt die Kontemplation nicht nur aus Liebe zu Gott, sondern auch, weil aus ihr ein um so größeres Gut für das Heil der Menschen hervorfließen kann.*

---

[37] Vgl. die neun Gebetsweisen des hl. Dominikus: Codex Rossianus 3 der Vatikanischen Bibliothek: Analecta sacri Ordinis Fratrum Praedicatorum, Rom 1932, 30, 93-106; deutsch: *G. Hofmann*, Sankt Dominikus. Zeugnisse seines Innenlebens, Vechta 1935, 117-133.

[38] LCO 1, IV.

Das Ziel des Ordens ist die Predigt, „die aus der Fülle der Beschauung fließt“[39].

Es besteht also weder in der Aktion noch in der Kontemplation allein, sondern in der Predigt, insofern beide zusammengehören.

Nun ist in den ältesten Konstitutionen des Ordens der Begriff Kontemplation nicht zu finden. Es heißt dort, sie sollen „mit Gott und über Gott sprechen“[40].

In den Konstitutionen von 1505 taucht zum erstenmal und gleich mehrmals der Begriff Kontemplation auf:

„Der Orden der Predigerbrüder ist gemäß seinen Konstitutionen darauf hingeordnet, sich der Kontemplation zu widmen und den andern die Frucht der Kontemplation darzubieten.“[41]

Der Einfluss des hl. Thomas von Aquin ist sehr deutlich; denn die Konstitutionen übernehmen die Terminologie aus der Summa theologica.[42]

Kann man von Neuerung oder gar Veränderung des ursprünglichen Geistes sprechen, wenn das Wort Kontemplation so spät erst in die Gesetzgebung des Ordens eindrang?

Schon bei Humbert von Romans, Ordensmeister von 1254-1263, begegnet uns der Begriff Kontemplation in seiner Auslegung der Augustinusregel:

---

39 *Thomas von Aquin*, Summa theologica, Secunda Secundae Partis, a.a.O. 188/6, 1260.

40 Constitutiones primaevae sacri Ordinis Praedicatorum, Fiesole 1962, II/31.

41 Constitutiones Fratrum Ordinis Praedicatorum, 1505, in: Archivum generale Ordinis Praedicatorum, Rom (zit. nach *P. Lippini*, La Spiritualità Dominicana, a.a.O.), I/15; *P. Lippini*, La Spiritualità Dominicana, a.a.O. 64f.

42 „Religio fratrum predicatorum secundum eorum constitutiones est ordinata ad contemplandum et contemplata aliis tradendum“: Constitutiones Fratrum Ordinis Praedicatorum, 1505, a.a.O. I/15; *P. Lippini*, La Spiritualità Dominicana, a.a.O. 64f. „... predicare et docere sunt actus ex abundantia et plenitudine contemplationis procedentes“: Constitutiones Fratrum Ordinis Praedicatorum, 1505, a.a.O. I/15; *P. Lippini*, La Spiritualità Dominicana, a.a.O. 65. Vgl. *Thomas von Aquin*, Summa theologica, Secunda Secundae Partis, a.a.O. 188/6, 1260.

„Das, was sie predigen, sammeln sie vor allem in der Kontemplation."[43] „Es ist Sache des Predigers, abwechselnd frei zu sein für die Kontemplation göttlicher Dinge und für den Nächsten … Er muß sich beidem widmen, dem aktiven und dem kontemplativen Leben."[44]

Auch in den Briefen der Ordensmeister vor Thomas von Aquin, angefangen mit Jordanus von Sachsen, finden wir Anspielungen auf die Kontemplation als Quelle des Apostolates.

Der hl. Dominikus wählte die Predigt als Ziel seines Ordens. Er selbst machte aber auch in den ersten zehn Jahren seines Apostolates die Erfahrung, dass die Predigt gegen die Häretiker nicht nur durch Studium, sondern auch durch Gebet vorbereitet werden musste. „In den Stunden der Nacht war niemand anhaltender in Nachtwachen und Gebeten aller Art … Den Tag widmete er den Nächsten, die Nacht Gott."[45] Und die Mittel, die Dominikus zur Vorbereitung auf die Predigt wählte, sollen ja auch zur Kontemplation führen: das Studium, das liturgische Gebet, die klösterlichen Observanzen. Wenn auch erst durch den Einfluss des hl. Thomas die Kontemplation ausdrücklich in die Gesetzgebung Eingang fand, so ist sie doch bei den ersten Brüdern schon irgendwie vorhanden und implicite auch schon in den Konstitutionen enthalten.

- Die dominikanische Kontemplation

Welche Art der Kontemplation meint die dominikanische Spiritualität? Da die Konstitutionen bezüglich der Kontemplation die Terminologie des hl. Thomas verwenden, müssen wir von ihm ausgehen. In der Summa theologica definiert er die Kontemplation als „einfachen Anblick der Wahrheit selbst"[46]. Sie wird als contemplatio infusa bezeichnet und ist die Kontemplation im eigentlichen Sinn. Sie ist ein Akt der

---

[43] *Humbert von Romans*, De vita regulari, a.a.O. 1, 48.

[44] Ebd. 1, 59f.

[45] MOPH XVI, 75.

[46] *Thomas von Aquin*, Summa theologica, Secunda Secundae Partis, a.a.O. 180/3 ad 1,1163.

Gnade, für den man sich bereiten kann durch Gebet, Meditation und Lesung. Bei Dominikus begegnet uns diese eingegossene Kontemplation, wie Zeugen im Heiligsprechungsprozess aussagen. „Nach seiner Gewohnheit sprach er immer mit Gott oder von Gott, im Konvent und unterwegs."[47] „Während seiner Reisen wollte er stets von Gott sprechen, wollte lehren, lesen oder beten."[48] Seine Heiterkeit, das Leuchten seines Antlitzes und seine Tränen geben Zeugnis von dieser Kontemplation.[49] Eine solche Erfahrung ist nicht das Privileg weniger, sondern alle können sie machen, die dazu berufen sind.

Die Konstitutionen des Predigerordens scheinen eine solche Erfahrung im Blick zu haben, wenn sie sagen, dass die Predigt aus der Fülle der Kontemplation fließen soll.

„Da die Kontemplation der göttlichen Dinge, die innere Zwiesprache und der vertraute Umgang mit Gott nicht nur in liturgischen Übungen und in der Lesung der Hl. Schrift, sondern auch im unablässigen Privatgebet zu suchen ist, mögen die Predigerbrüder auch diese Form des Gebetes eifrig pflegen."[50] „Das unablässige Studium nährt die Kontemplation ..."[51]

Wie die dominikanische Kontemplation einzuordnen ist, legt Thomas von Aquin dar:

„Die Freundschaft hat drei Stufen. Zur Vollkommenheit der Freundschaft gehört, dass jemand um des Freundes willen zuweilen sogar auf die Freude seiner Gegenwart verzichtet, um in seinem Dienst zu arbeiten. In solcher Freundschaft wird der Freund um seiner selbst willen geliebt und nicht um der Freude willen, die sich nur als Folge einstellt. Im Gegensatz dazu kann einer seinen Freund auch lieben wegen der Freude (die seine Gegenwart gewährt, so sehr, dass er es vor-

---

[47] MOPH XVI, 155.
[48] Ebd. 124.
[49] Vgl. *Thomas von Aquin*, Summa theologica, Secunda Secundae Partis, a.a.O. 82/3-4, 1181f.
[50] LCO 66,1.
[51] LCO 83.

zieht, bei dem Geliebten zu bleiben, anstatt von ihm wegzugehen, um für ihn Dienst zu leisten). Wenn jedoch einer sich gern und leicht aus der Gegenwart seines Freundes löst und an anderen Dingen größere Freude hat, so beweist dies, dass er gar nicht oder nur wenig den Freund liebt.

Diese drei Stufen muss man also in der Liebe beachten. Gott aber ist am meisten um seiner selbst willen zu lieben. Nun gibt es manche, die gern und ohne große Beschwer sich vom Freisein für die Kontemplation Gottes trennen, um irdischen Geschäften nachzugehen, und in diesen wird nur eine geringe Liebe sichtbar.

Andere wiederum verspüren im Freisein für die Kontemplation Gottes solche Freude, dass sie von jener nicht lassen wollen, selbst nicht, um sich zum Heil des Nächsten in den Dienst Gottes nehmen zu lassen.

Wieder andere endlich erreichen eine solche Höhe der Liebe, dass sie selbst die Kontemplation Gottes, wiewohl sie höchste Freude in ihr erfahren, aufgeben, um Gott zu dienen in der Sorge für das Heil des Nächsten. Das war die Vollkommenheit des hl. Paulus … Und das ist die Vollkommenheit, die den Prälaten und Predigern eignet."[52]

In der Formel „contemplari et contemplata aliis tradere"[53] fasst Thomas seine Sicht des Predigerordens zusammen. Wir können also unsere Untersuchung über das Ziel des Dominikanerordens beschließen: *das Ziel oder das spezifische Element des Ordens und seiner Spiritualität ist die Predigt, insofern sie Frucht der Kontemplation ist.*

---

[52] Quaestio disputata De caritate II ad 6; hier zitiert nach *M.-D. Chenu*, Thomas von Aquin. In Selbstzeugnissen und Bilddokumenten, Hamburg 1960, 96.

[53] *Thomas von Aquin*, Summa theologica, Secunda Secundae Partis, a.a.O. 188, 6.

3. Die „Mittel“ der dominikanischen Spiritualität

Die Katharer und Waldenser hatten behauptet, nur wer wie die Apostel lebe, habe das Recht, ihre Botschaft weiterzugeben. Dominikus ließ sich von ihnen nicht beschämen wie die Zisterzienser, sondern ahmte die Lebensweise der Apostel nach und predigte nicht nur mit Worten, sondern auch durch sein Beispiel. Bei der Gründung des Ordens wählte Dominikus deshalb eine strenge Observanz, um die Brüder vorzubereiten für die Verkündigung durch Wort und Beispiel.

Die bis 1968 gültigen Konstitutionen sprechen von „Mittel, die vom hl. Dominikus zur Erreichung des Ordenszieles festgesetzt worden sind“. Es werden aufgezählt außer den drei Gelübden die vita regularis mit den monastischen Observanzen, das feierliche Chorgebet und das unablässige Studium der Wahrheit. „Diese Mittel können bei uns weder abgeschafft noch wesentlich verändert werden.“[54] Unsere neuen Konstitutionen gebrauchen nicht mehr den Ausdruck „Mittel“, sondern „vita propria ordinis“. Der entsprechende Text der Constitutio fundamentalis lautet:

„Da wir an der apostolischen Sendung teilhaben, übernehmen wir auch die Lebensweise der Apostel in der Form, die der hl. Dominikus gewollt hat. Wir führen das gemeinsame Leben Gleichgesinnter, wir bekennen uns zu den evangelischen Räten, wir pflegen die gemeinsame Feier der Eucharistie und des Divinum Officium und das Gebet, wir widmen uns intensivem Studium, wir stehen zu den klösterlichen Lebensformen. Diese Lebensweise fördert nicht nur die Ehre Gottes und unsere Heiligung. Sie dient auch direkt dem Heil der Menschen, da sie in ihrer Ausgewogenheit auf die Predigt vorbereitet und zu ihr hinführt, sie prägt und ihrerseits von ihr geprägt wird.

Die verschiedenen Elemente dieser Lebensweise, die miteinander in engem Zusammenhang stehen, aufeinander abge-

---

[54] Constitutiones Fratrum sacri Ordinis Praedicatorum, Rom 1932, 4, I.

stimmt sind und sich gegenseitig befruchten, machen als Ganzes das Besondere des Ordens aus, d. h. ein im vollen Sinne apostolisches Leben, in dem Predigt und Lehrtätigkeit aus der Fülle der Kontemplation fließen sollen."[55]

Am Ende der gesamten Constitutio fundamentalis heißt es: „Diese Elemente dürfen nämlich in unserem Orden nicht grundlegend verändert werden. Sie müssen vielmehr die neuen Formen des Lebens und der Verkündigung tragen, die den Erfordernissen der Kirche und der Menschen angepaßt sind."[56]

3.1 Das gemeinsame Leben

Dominikus hatte als Kanoniker ein klösterliches Gemeinschaftsleben geführt. Auch zu Beginn der Predigttätigkeit bei den Katharern hatte er mit anderen zusammengearbeitet. Aber bald war Dominikus allein. Nur zeitweise hatte er noch Gefährten. Er erkannte, dass er eine Gemeinschaft von Predigern gründen musste, um wirksamer den Dienst der Verkündigung leisten zu können. Darin sah er eine Verwirklichung der vita apostolica, des gemeinsamen Lebens der Apostel mit den Gläubigen der Urgemeinde, die ein Herz und eine Seele waren und alles gemeinsam hatten. Dominikus übertrug die Verantwortung für den Dienst der Verkündigung der ganzen Gemeinschaft, die durch Wahl der Oberen und in wichtigen Angelegenheiten durch das Kapitel an der Leitung des Ordens teilhaben. Das gemeinsame Leben sollte auch die Brüder von unnötigen Sorgen entlasten.

„Er verbot den Brüdern, sich um das Weltliche zu kümmern, und erlaubte es nur jenen, die den Auftrag dazu hatten … Was die übrigen betrifft, so wollte er sie unablässig an das Studium, das Gebet oder die Verkündigung hingegeben wissen."[57]

---

[55] LCO 1, IV.
[56] LCO 1, VIII.
[57] MOPH XVI, 150f.

Das Zweite Vatikanische Konzil sagt allgemein über das klösterliche Gemeinschaftsleben, dass von der Einheit der Brüder eine große apostolische Kraft ausgehe. In unseren jetzigen Konstitutionen heißt es:

„Die Eintracht unseres Lebens, die in der Liebe Gottes wurzelt, muß beispielhaft sein für die allgemeine Verbrüderung in Christus, die wir predigen.“[58]

Der Mensch hat seine Grenzen und kann nicht alles alleine tun. In der Zusammenarbeit mit anderen gelingen Dinge weniger mühsam und besser. Wenn die Zusammenarbeit sich nicht nur auf materielle Dinge und auf geistige Fähigkeiten, sondern auch auf die spirituellen Charismen erstreckt, um das gemeinsame Ziel zu erreichen, dann ist es eine wirkliche Gemeinschaft. Auch die Kontemplation und die Predigt können durch die Hilfe und die Zusammenarbeit der Mitbrüder fruchtbarer werden. Die Gemeinschaft bietet viele Hilfsmittel: das Gebet, die Bibliothek, die Entlastung von der Sorge um die alltäglichen Dinge; die sichtbare und unsichtbare Hilfe der Brüder durch Gebet und Arbeit für das gute Gelingen des Werkes.

3.2 Die Gelübde

Mit dem Gemeinschaftsleben aufs engste verbunden sind die Gelübde. Sie sind nicht das Ziel oder Quasi-Ziel, sondern sind ausgerichtet auf das Ordensziel. Dominikus verlangte von seinen Brüdern das Versprechen, in Gemeinschaft zu leben und Gehorsam zu leisten. Er wusste seine Autorität anzuwenden, aber auch sich den Anordnungen der Generalkapitel zu unterwerfen. Gehorsam war für ihn ein wesentlicher Teil der Nachfolge Christi, der selbst gehorsam war. In den jetzigen Konstitutionen heißt es:

---

[58] LCO 2, II.

„Eine Gemeinschaft braucht … zum treuen Ausharren im Geiste ihrer Sendung ein Prinzip der Einheit, und das erlangt sie durch den Gehorsam."[59]

In der Professformel wird nur der Gehorsam ausdrücklich genannt.

„Die Person selbst weiht sich durch ihn ganz Gott, und seine Akte stehen dem Sinn der Profess, der vollendeten Liebe näher. Im Gehorsam ist endlich auch alles, was das apostolische Leben betrifft, mit einbegriffen."[60]

Durch den Gehorsam werden die Brüder zum Dienst am Wort bestellt.

„Wenn die Ordensbrüder um des Himmelreiches willen ‚die Ehelosigkeit geloben, sollen sie darin den Spuren des hl. Dominikus folgen, der in der Liebe zu Gott sein Leben lang die Jungfräulichkeit fleckenlos bewahrte'. Und gerade deshalb glühte er so von Liebe und Eifer zu den Seelen, weil er ‚alle Menschen mit weitherziger Liebe umfing, und da er alle liebte, auch von allen geliebt wurde, weil er in der Sorge für den Nächsten und im Mitleid mit dem Elend der Menschen ganz aufging'."[61]

Die Ehelosigkeit um des Himmelreiches willen macht die Brüder frei zu voller Hingabe an den Dienst der Verkündigung. Sie ist ein Zeichen für das endzeitliche Heil, das der Prediger verkündet.

Papst Honorius III. schrieb Dominikus am 18. Januar 1221, dass Gott ihm und den Brüdern den Gedanken eingab, sich in einem armen und klösterlichen Leben der Predigt des Gotteswortes zu widmen.[62] Der Orden entstand aus der Armutsbewegung. Dominikus selbst hatte die Armut schon gelebt, bevor er den Orden gründete; er hatte erkannt, wie wichtig sie für die Predigt war, vor allem im Süden Frankreichs, wo die Häretiker die Armut als Zeichen der apostolischen Predigt ansahen. Nach

---

59 LCO 17, I.
60 LCO 19, I.
61 LCO 25.
62 LCO 1, I; MOPH XXV, 144.

dem Beispiel Christi, der „unseretwillen arm geworden ist, damit wir durch seine Armut reich würden“ (2 Kor 8,9), müssen die Predigerbrüder vom Geist der Armut beseelt sein.

„Dieser Geist der Armut ... bedeutet Freiheit von einer Knechtschaft, ja Freiheit von der ängstlichen Sorge um die irdischen Dinge, um Gott inniger anzuhangen, Gott unbeschwerter zur Verfügung zu stehen, um mutiger von Gott reden zu können. Deshalb bedeutet sie Bescheidenheit im Aufwand für uns, die uns innerlicher mit den Armen verbindet, denen wir das Evangelium predigen.“[63]

Gerade in unserer Gesellschaft, die so sehr vom Wohlstandsdenken beherrscht ist, kann die Armut ein eindrucksvolles Zeugnis der Nachfolge Christi sein, der gekommen ist, um den Armen die frohe Botschaft zu verkünden.

3.3 Die Feier der Liturgie

„Nach dem Willen des hl. Dominikus gehört der feierliche und gemeinsame Vollzug der Liturgie zu den besonders wichtigen Aufgaben unseres Ordensberufes.“[64]

Mit Liturgie sind die Eucharistie und das Chorgebet gemeint.

Dominikus feierte täglich die hl. Messe. Er hatte bewusst das Chorgebet übernommen, das zu seiner Zeit für die Kanoniker und Mönche ein heiliges Erbe war. Während es bei diesen letzteren fast das Ziel war, das opus Dei, dem nichts vorgezogen werden durfte, hat Dominikus das Chorgebet auf die Funktion eines „Mittels“ im Dienst des apostolischen Zieles zurückgeführt. Die Behauptung von H. Ch. Scheeben[65], Dominikus habe das Chorgebet nicht gewollt, es sei ihm aufgezwungen worden, entbehrt jeder Grundlage. Dominikus war als Kanoniker mit dem Chorgebet vertraut gewesen. Er hielt

---

[63] LCO 31, II.
[64] LCO 57.
[65] *H. Ch. Scheeben*, Der hl. Dominikus, Freiburg/Br. 1927, 148.

sein ganzes Leben daran fest, feierte es mit Begeisterung mit, wo immer er daran teilnahm, und ermahnte die Brüder, es ebenso zu tun. Die große Bedeutung, die Dominikus dem gemeinsamen Stundengebet beimaß, ist auch auf den Orden übergegangen. Es ist ein wesentliches Element, ohne das der Orden sein Gepräge verlieren würde.

Dennoch ist das Chorgebet dem speziellen Ziel des Ordens untergeordnet. Wenn die Predigt und das Heil der Menschen es verlangen, kann der Obere von der Teilnahme an demselben dispensieren. Dominikus führte die Dispens vom Chorgebet um der Predigt und des Studiums willen ein – eine bedeutende Abänderung der Ordenstradition. Dennoch ist die gemeinsame Feier der Liturgie eine heilige Pflicht für die Gemeinschaft wie für den Einzelnen.

„Alle Brüder sind zur Teilnahme an der Konventsmesse und am Chorgebet gehalten; die einzelnen aber sollen sich dieser gemeinsamen Verpflichtung bewußt sein“[66]: „In unseren Gemeinschaften muß täglich im Chor die Konventsmesse und das Officium divinum gefeiert werden.“[67]

Neben dem liturgischen Gebet wird von den Konstitutionen das unablässige Privatgebet empfohlen. Täglich sollen die Brüder sich wenigstens eine halbe Stunde dem betrachtenden Gebet widmen und den dritten Teil des Rosenkranzes beten.[68]

3.4 Das Studium

Dominikus hatte in Palencia zunächst die Freien Künste studiert.

„Er beeilte sich, zum Studium der Theologie überzugehen, und machte sich mit wahrer Begierde daran, seine Nahrung in der Heiligen Schrift zu suchen.“[69]

---

[66] LCO 63.
[67] LCO 61, I.
[68] LCO 66f.
[69] MOPH XVI, 28.

Ständig trug er das Matthäusevangelium und die Paulusbriefe mit sich.

In der Auseinandersetzung mit den Katharern war Dominikus die Wichtigkeit des Studiums für die Priester klar geworden. Diese Häresie hatte sich ja nur wegen der Unwissenheit des Volkes und des Klerus so ausbreiten können. Man brauchte Prediger, die in der christlichen Lehre gut gebildet waren und mit Argumenten den Häretikern Widerstand leisten konnten. Für ein solches Apostolat war das Studium eine unerlässliche Voraussetzung. Darauf legte Dominikus großen Wert. In den ältesten Konstitutionen steht ein Text über den Novizenmeister, der mit großer Wahrscheinlichkeit von Dominikus selbst stammt:

„Der Meister lehrt seine Novizen …, daß sie fleißig beim Studium sein sollen, daß sie Tag und Nacht, zu Hause und unterwegs, stets damit beschäftigt sein sollen, etwas zu lesen oder zu betrachten und sich dabei bemühen, alles, was ihnen möglich ist, auswendig zu behalten, wie eifrig sie bei der Verkündigung sein sollen, wenn die Zeit dazu gekommen ist."[70]

Ein Orden, der für die Predigt gegründet wurde, der sich der Kontemplation widmet, konnte das Studium nicht außer acht lassen; zusammen mit der Liturgie musste er das Studium zu einem wesentlichen Element seiner Spiritualität machen.

Schon die erste Gesetzgebung des Ordens betont die Wichtigkeit des Studiums; sie spricht ausführlich von den Predigern, von ihren Eigenschaften und ihrer wissenschaftlichen Vorbereitung. Die neuesten Konstitutionen setzen diese Tradition fort.

„Der hl. Dominikus hat das auf die Seelsorge ausgerichtete Studium in seinen Ordensplan eingebaut und dadurch eine tiefgreifende Neuerung geschaffen … Deshalb muß unser Studium vor allem von dem heißen Bestreben durchdrungen sein, dem Heil der Mitmenschen nützen zu können."[71] „Das

---

[70] Zit. nach *M. H. Vicaire*, Geschichte des hl. Dominikus, a.a.O. II, 34f.

[71] LCO 76; 77, I.

unablässige Studium … ist als wesentliches Element unseres ganzen Lebens eine ausgezeichnete Ordensübung."[72]

Schon in den Anfangszeiten des Ordens wurde dem Studium eine solche Bedeutung beigemessen, dass es eine der Hauptaufgaben der Visitatoren war, nicht nur zu prüfen, ob die Kommunität in Frieden lebe und die Brüder eifrig in der Seelsorge arbeiteten, sondern auch ob sie unablässig sich dem Studium widmeten. Das tägliche Schuldkapitel sollte manchmal unterbleiben, damit das Studium nicht behindert werde.[73] Alle hatten nach Möglichkeit an den Vorlesungen des Konventslektors teilzunehmen.[74]

Die Provinziäle mussten geeignete Mitbrüder zum Generalstudium schicken und ihnen die nötigen Bücher mitgeben. Trotz der strengen Armut waren die damals sehr teuren Bücher auch den Novizen zur Verfügung zu stellen. Die Lektoren durften bei einer Versetzung ihre Bücher mitnehmen.

Da das Studium im Dominikanerorden ein Mittel ist, haben die Studien den Vorzug, die dem Ordensziel dienen.

„Die Predigerbrüder sollen vor allem die theologischen Wissensgebiete pflegen, dabei freilich nicht nur an die unmittelbare Vorbereitung auf eine Seelsorgsarbeit, sondern auch an die eigene Weiterbildung denken."[75] „Durch das Studium denken die Predigerbrüder immer wieder nach über die vielgestaltige Weisheit Gottes und bereiten sich vor auf den Lehrdienst an der Kirche und an allen Menschen. Daher müssen sie sich um so mehr dem Studium hingeben, als sie durch die Tradition des Ordens in besonderer Weise berufen sind, den Wahrheitsdrang der Menschen weiter auszubilden."[76]

---

[72] LCO 83.

[73] Constitutiones primaevae sacri Ordinis Praedicatorum, a.a.O. I/1: „aliquando intermittitur ne studium impediatur".

[74] Monumenta Ordinis Fratrum Praedicatorum historica III: Acta capitulorum generalium Ordinis Praedicatorum 1220-1303, Rom 1898, 99: „Priores vadant ad scholas sicut et ceteri."

[75] LCO 85, I.

[76] LCO 77, II.

3.5 Die klösterlichen Lebensformen

Um die vorgenannten „Mittel" „treu zu erfüllen, dazu helfen uns die Klausur, das Silentium, der Ordenshabit und die Bußübungen"[77]. Dominikus übernahm aus der Tradition monastische Observanzen, die er auf die Predigt ausrichtete. Er wählte bewusst die strengste Kanonikerobservanz. Auch davon konnte um des Ordenszieles willen dispensiert werden.

Die Klausur ist seit jeher für das klösterliche Leben bezeichnend gewesen:

„Um unseren Brüdern Kontemplation und Studium zu erleichtern, um die tiefinnere Verbundenheit der Klosterfamilie zu stärken und um die Treue und Eigenart unseres klösterlichen Lebens zu erweisen, ist in unseren Konventen die Klausur zu beobachten."[78]

Das Silentium hatte im Dominikanerorden immer eine sehr große Bedeutung. In den früheren Konstitutionen ist von der „sanctissima lex silentii" die Rede, das unter allen anderen Observanzen die erste Stelle einnimmt.[79]

„Das Silentium soll von den Brüdern sorgfältig gehalten werden, besonders an Orten und zu Zeiten, die für Gebet und Studium bestimmt sind; es ist nämlich ein Schutz der gesamten Observanz und dient vor allem dem religiösen Innenleben, dem Frieden, dem Gebet, dem Studium der Wahrheit und der beseelten Kraft unserer Predigt."[80]

Neben den allgemein üblichen Aussagen über die Aszese heißt es in unseren jetzigen Konstitutionen:

„Das unablässige Studium ... begründet durch das ihm eigene beharrliche und mühevolle Ringen eine Form der Aszese."[81]

---

[77] LCO 40.
[78] LCO 41.
[79] Constitutiones Fratrum sacri Ordinis Praedicatorum, Rom 1932, 623.
[80] LCO 46, I.
[81] LCO 83.

4. Schlussbemerkungen

Das Generalkapitel von 1885 zitierte aus dem zweiten Timotheusbrief: „Verkünde das Wort, tritt dafür ein, zu gelegener und ungelegener Zeit; weise zurecht, tadle, ermahne in unermüdlicher und geduldiger Belehrung … Ertrage das Leiden, verkünde das Evangelium, erfülle deine Aufgabe“ (2 Tim 4,2-5) und fügte hinzu: „Wir müssen daran denken, daß dies alles auch an uns gerichtet ist, weil unser Orden von Anfang an zum Heil der Menschen bestimmt worden ist.“[82]

Das Ziel des Ordens ist die Predigt, im weiten Sinn der Dienst am Wort, ob einer nun predigt oder lehrt oder schreibt, eine Predigt, die die Menschen zu Gott führen soll. Die Predigt muss aus einem Leben des Gebetes hervorgehen, so wie es Dominikus tat, der „nur mit Gott und über Gott sprach“[83], oder wie es Thomas von Aquin definierte: „contemplata aliis tradere“[84].

Durch das Gebet, die Liturgie, das Studium, das Gemeinschaftsleben und die monastischen Observanzen soll der Dominikaner sich formen lassen, damit „Predigt und Lehre aus der Fülle der Kontemplation fließen“[85]. Darin besteht wesentlich die dominikanische Spiritualität.

Dank dem Genie des hl. Dominikus verbinden sich im Predigerorden drei Kräfte aus der Tradition der Kirche: eine kirchliche Sendung zur Verkündigung des Evangeliums, die Dominikus dem Orden als Ziel angab; eine Ordensinstitution und die Nachahmung der Apostel, die „vita apostolica“. Diese drei Ströme liefen nebeneinander her. Dominikus entdeckte ihre innere Verbundenheit im Evangelium. Aus dem Evangelium gingen hervor: die Sendung der Apostel; die Urgemeinde

---

[82] Constitutiones primaevae sacri Ordinis Praedicatorum, Paris 1886, 947.
[83] MOPH XVI, 155.
[84] *Thomas von Aquin*, Summa theologica, Seconda Secundae, a.a.O. 188/6, 1260.
[85] LCO 1, IV.

zu Jerusalem und die Verkündigung, bei der die Apostel nichts mitnahmen und von dem lebten, was man ihnen gab.[86]

Mit Dominikus hat eine neue Form des Ordenslebens in der Kirche begonnen, die Kontemplation und Predigt miteinander verbindet. Diese kann man nicht auf die Predigerbrüder eingrenzen, sondern sie gilt auch für viele andere Ordensgemeinschaften. Demnach wäre dominikanische Spiritualität nicht identisch mit dem Dominikanerorden, sondern erstreckte sich auf alle, die die genannten Elemente verwirklichen und aus der Kontemplation heraus predigen.

---

[86] Vgl. *M. H. Vicaire*, Geschichte des hl. Dominikus, a.a.O. II, 169f.

DOMINIKANISCHE SPIRITUALITÄT

Edward Schillebeeckx OP

1. Menschen leben zum größten Teil von Geschichten. Ich selbst lebe von meiner eigenen Geschichte. Als ich Dominikaner wurde, habe ich meine Lebensgeschichte mit der Familiengeschichte der Dominikaner verbunden; dadurch erhielt meine eigene Lebensgeschichte eine neue Orientierung, anderseits wurde von mir der Faden der Ordensgeschichte auf eine besondere Weise aufgenommen. Mein Leben selbst wurde damit ein Stück dominikanischer Familiengeschichte – ein Kapitel daraus. Ich bin also in der „Geschichte des Ordens" „zur Geschichte geworden". Dominikanische Ordensgeschichten halten uns als Dominikaner „zusammen". Ohne Geschichten wären wir der Erinnerung beraubt, könnten unseren eigenen Platz in der Gegenwart nicht finden und würden ohne Hoffnung auf Zukunftserwartung bleiben. Als Dominikaner bilden wir also eine Besonderheit eben als *eigene Erzähl-Gemeinschaft*, die innerhalb der umfangreicheren Geschichte der vielen Ordensgemeinschaften und innerhalb der allumfassenden Geschichte der großen Kirchen- und noch größeren Menschengemeinschaft eigene Traditionen weitererzählt, wodurch wir zu einer eigenen, besonderen Familie *gemacht werden*, zu erkennen an verschiedenen, großen und manchmal kleinen, aber nicht zu verbergenden Familienbesonderheiten.

Damit habe ich schon einiges über „dominikanische Spiritualität" gesagt. Denn diese kann nichts anderes sein als meine eigene Lebensgeschichte, *soweit sie* ein Kapitel der dominikanischen Familiengeschichte geworden ist. Meine eigene Lebensgeschichte verlängert und bereichert die Geschichte der dominikanischen Spiritualität, während sie, als kleines, fast nichtig kleines Kapitel darin, zugleich relativiert und der Kritik unterworfen wird durch die schon ältere und umfassendere Geschichte der dominikanischen Familie, durch die ich danach befragt werde, ob ich diese Familiengeschichte nicht entstelle. Schon deshalb stehe ich jedem skeptisch gegenüber, der nur die „eigene Einsicht“ oder die „eigene Erfahrung“ als Norm „dominikanischer Spiritualität“ für andere gelten lassen wollte. Außerdem leben, Gott sei Dank, noch immer Dominikaner; das heißt, unsere Geschichte ist noch nicht aus-erzählt, es lässt sich immer noch etwas sagen.

Daraus folgt schon eine erste Konsequenz: *Eine endgültige, allround Bestimmung dessen, was dominikanische Spiritualität ist, kann nicht gegeben werden!* Man kann kein Endurteil über eine Geschichte geben, die als Geschichte noch voll im Gang ist. Wir können nur einige Grundzüge im Ganzen der Geschichte aufspüren, die jetzt ja schon sieben Jahrhunderte lang in immer neuen Modalitäten weitererzählt worden ist, in der die eine Basisgeschichte in immer wieder anderen Sprachen und Zungen immer wieder anders erzählt wurde im Hinblick auf immer wieder andere Zuhörer, vor allem mit dem Blick auf ihre kulturhistorisch und kirchlich anderen Verhältnisse.

Die *Basisgeschichte*, die am Ursprung der eigenen, dominikanischen Erzählgemeinschaft steht, ist dabei von grundlegender Bedeutung. Aber der *Ursprung* jeder relevanten Geschichte verschwimmt meist irgendwo in einer dunklen Vergangenheit, die sich historisch nur noch mühsam rekonstruieren lässt. Dominikus (1170 – 1221), der Ursprung der dominikanischen Familiengeschichte, hat keine Bücher geschrieben. Durch mühsame historische Rekonstruktion, die den „wahren Dominikus“ aus vieler Legendenbildung (die so typisch für das Mittelalter ist) herauslöst, haben wir historisch jedoch genügend festen Boden unter den Füßen; und, vor allem, wenn Dominikus auch keine Bücher oder Dokumente hinterlassen hat, so hat er doch als lebendiges Relikt die *dominikanische Bewegung*, den Orden, eine Gruppe von Menschen hinterlassen, die in seiner Fußspur das Werk des

Dominikus fortsetzen wollte. Die dominikanische Geschichte hat daher mit Dominikus und seinen ersten Gefährten begonnen; gemeinsam stehen sie am Ursprung dessen, was die dominikanische Familiengeschichte werden wird. Sie gaben das zu erzählende Thema an: sie geben den Ton an.

Diese immer von neuem wiederholte, immer wieder neu komponierte Geschichte ist aber selbst wieder eine eigene Weise, wie der Faden einer schon älteren Geschichte, die des Jesus von Nazaret, aufgenommen und in neuer Weise weitererzählt wurde. Das bringt uns schon zu einer *zweiten Schlussfolgerung: Die dominikanische Spiritualität ist nur gültig, soweit sie auf eine eigene Weise die Geschichte von Jesus aktualisierend wieder aufnimmt.* Das Zweite Vatikanische Konzil sagt in seinem Dekret über die Erneuerung des Ordenslebens, dass die Nachfolge Jesu die endgültige Norm des Ordenslebens ist und als oberste Regel (suprema regula) zu gelten hat (Nr. 2). Die dominikanische Spiritualität steht daher unter dem Kriterium der „Quellen jedes christlichen Lebens". Das bedeutet, dass die dominikanische Spiritualität selbst des Dominikus und seiner ersten Jünger *nicht ohne weiteres* ein „absolutes Gesetz" für die Dominikaner ist. Eine seitdem gewachsene und differenziertere Kenntnis der „Geschichte Jesu" (u. a. durch neue, zum Beispiel biblische Frömmigkeitserfahrung oder durch eine verfeinerte Schriftexegese) kann uns daher vielleicht andere *Akzente* setzen lassen, als es Dominikus und die Seinen taten. Denn nach dem Konzilsdekret über die religiöse Erneuerung muss diese Erneuerung in erster Linie *„durch Rückkehr zu den Quellen jedes christlichen Lebens*" geschehen (Nr. 2): Das „Evangelium Jesu Christi" (Mk 1,1), und das ist eine Quelle, die sich nie erschöpft und immer wieder neue Möglichkeiten bietet, die zu erschließen sogar Dominikus nicht das allumfassende „Sesam, öffne dich" kannte.

Das schließt zugleich ein, dass jede Ordensgeschichte als Bestandteil, oder besser als *Modulation* der größeren Geschichte der „Gemeinde Gottes", der Kirche („eine Teilnahme am Leben der Kirche", Nr. 2 desselben Dekrets), beurteilt werden muss. Dabei weist das Konzil auf die „heutigen Projekte" der Kirche hin: biblisch, liturgisch, dogmatisch, pastoral, ökumenisch, missionarisch und sozial. Das heißt: Dominikanische Spiritualität setzt wesentlich einen kritischen Bezug auf die sehr konkreten Bedürfnisse und das Leid der heutigen Kirche in ihren historischen Verhältnissen voraus; sie kann nicht ein isoliertes Pflegen des eigenen „dominikanischen" Gärtchens sein *neben* dem fortschreitenden Leben der Welt und der Kirche.

Dies alles jedoch vorausgesetzt, das heißt als normiert durch das Evangelium und unter die ständige Kritik des Evangeliums gestellt, und zugleich als konkret historisch bei den notwendigen, großen Projekten der Kirche in der Welt hier und heute beteiligt, ist in der Tat *„der ursprüngliche Geist des eigenen religiösen Instituts*" (so das Konzilsdekret über das Ordensleben, Nr. 2) das Grundthema der dominikanischen Familiengeschichte; und auf diese Weise richtungweisend. Das Konzilsdekret weist dabei nicht nur auf die ursprünglichen „eigentlichen Absichten" (propria proposita) des Gründers hin, sondern auch auf die „eigenen religiösen Traditionen", zumindest soweit diese „gesund" sind („sanae traditiones"), das ist das „geistige Erbe" eines religiösen Ordens: *seine Spiritualität.*

Die *dritte Folgerung* darf deshalb lauten: *Die dominikanische Spiritualität ist gültig als besondere Modalität des kirchlichen Auftrags, „Jesus nachzufolgen"*, vor allem – für uns – *in den Fußspuren und im Geist des Dominikus, wie dieser in den besten Momenten der Ordensgeschichte immer wieder viele inspiriert und orientiert hat.* Deshalb müssen wir uns diese historische Basisgeschichte klar vor Augen halten, denn die dominikanische Gemeinschaft hat im Lauf der Zeiten auch ein *gebrochenes* Verhältnis zu ihrem eigenen Ursprung bekommen. Wenn die Inquisition zum Beispiel eine Jeanne d'Arc auf den Scheiterhaufen brachte, standen die dabei beteiligten Dominikaner in wesentlichem Widerspruch zum

Geist und zur Orientierung des Dominikus. Man war taub und blind geworden für das Entstehen neuer Charismen: eine wesentlich un-dominikanische Lebenshaltung.

Als drittes Kriterium für ein erneuertes Ordensleben wird von demselben Konzilsdekret erwähnt: die Beziehung der Jesus-Geschichte und der ursprünglichen (für uns: der dominikanischen) Basisgeschichte zu „den veränderten Zeitverhältnissen" (a.a.O. Nr. 2). Das schließt ein, dass die dominikanische Spiritualität nicht bloß durch eine Berufung auf die Ursprungsgeschichte bestimmt werden kann, auch nicht bloß durch eine Berufung auf die weiteren Modulationen und Aktualisierungen dieser Basisgeschichte im Lauf der Ordensgeschichte – das wird jedoch vorausgesetzt –, sondern gerade durch unsere Aktualisierung dieser dominikanischen Familiengeschichte „hier und heute", in unserer Zeit. Dominikanische Spiritualität sagt nicht nur, *wie es gewesen ist*: „am Anfang" oder im Lauf der Ordensgeschichte. Denn dann schreiben wir nur einen historischen Bericht darüber, wie Dominikaner früher inspiriert gewesen sind. Geschichtskunde ist aber noch keine Spiritualität! Das würde notfalls ein nichtdominikanischer, aber guter Historiker besser rekonstruieren können als wir selbst. Dominikanische Spiritualität ist, wenn sie nicht bloß „Geschichte" einer Spiritualität sein will (und außerdem, wenn sie nicht eine hohle Ideologie werden soll), eine *jetzt lebendige Wirklichkeit*: Sie wird getragen (oder entstellt!) durch *jetzt lebende Dominikaner*, die hier und heute die dominikanische Familiengeschichte „neu komponieren" im Blick auf die weltliche und kirchliche, kulturgeschichtliche Situation des Augenblicks.

Die *vierte Schlussfolgerung* lautet daher so: *Ohne eine aktualisierende Beziehung zur Gegenwart bleibt jedes Reden über dominikanische Spiritualität eine bloß historische Beschäftigung mit der Vergangenheit des Ordens* (oft ein Alibi für jetzt drängende Aufträge): *Dominikanische Spiritualität ist eine jetzt von uns zu realisierende lebendige Wirklichkeit.* Wenn nicht, dann erzählen wir nur das, was andere schon lange erzählt haben, als hätten wir selbst kein eigenes Kapitel in der zwar von uns schon begonnenen Erzählung zu schreiben, in der wir aber jetzt ein neues, noch unveröffentlichtes Kapitel schreiben müssen, wenn nach uns noch jemand es der Mühe wert erachten soll, den Faden dieser dominikanischen Geschichte wieder aufzunehmen. Wenn wir tatsächlich dieses neue lebendige Kapitel schreiben können, zu schreiben wagen und schreiben wollen, bin ich sicher, dass viele junge Leute, Frauen und Männer, wieder angezogen werden, um nach uns die dominikanische Tradition fortzusetzen. Denn jede sinnvolle Geschichte hat eine ansteckende Kraft: Sie wird weitererzählt; und niemand kann diesen rollenden Schneeball aufhalten. Ob das geschieht, hängt aber von dem Tenor ab, in dem, und der Spannung, mit der wir jetzt unser kleines Kapitel in der großen dominikanischen Familiengeschichte schreiben. Wird es ein langweiliger, ungelesener Paragraph? Oder schlimmer noch, eine *fremde* Geschichte, die nicht einmal den Faden der schon begonnenen Familiengeschichte aufnimmt und auf diese Weise die dominikanische Geschichte absterben lässt, vielleicht für immer? Oder wird es eine spannende Episode – spannend vielleicht *allein schon deshalb*, weil der Zuhörer merkt, dass wir eifrig danach suchen, den eigentlichen Faden der Geschichte, dessen Spur wir kurz verloren haben, wiederzufinden? Auch dies letztere kann ein wichtiger Bestandteil der uralten, dominikanischen Familiengeschichte werden.

2. Wenn Sie jetzt meine alte Handreichung aus dem Jahr 1954, „Dominikanische Spiritualität“, nach zwanzig Jahren noch einmal in dem Geist *lesen*, den ich soeben geschildert habe, meine ich, dass darin noch immer genügend Inspiration und Orientierung gegeben sei aus den darin vorhandenen, historischen Hinweisen auf den „goldenen Faden“, der von Dominikus bis heute durch die dominikanische Familiengeschichte hindurch verläuft, ein goldener Faden, der (wie sich zeigen mag) immer wieder irgendwie *gegen den Strich* ver-

läuft und den wir beim Schreiben unseres Anteils an der großen Geschichte des Ordens nicht unterschlagen dürfen. Wenn dieser goldene Faden nur in *unserer*, vielleicht materiell noch so abweichenden Lebensgeschichte verwoben ist, haben wir wirklich dominikanische Spiritualität realisiert. „Spiritualität" ist keine Spiritualität, soweit sie nur beschrieben wird, mag es nun in einer beschwörenden oder autoritären Tonart sein. Sie ist Spiritualität in dem Maße, wie sie konkret realisiert wird: als völlig neue Ausführung einer schon älteren – dominikanischen – Melodie.

Wie lautet diese schon ältere Melodie, das stets wiederkehrende Motiv und die Basisgeschichte?

Ich möchte sagen: Es ist eine gegenläufige Geschichte! Im 12. und zu Beginn des 13. Jahrhunderts bestanden zwei Engpässe: Es bedurfte einer Erneuerung einerseits des priesterlichen Lebens, anderseits des Klosterlebens. Einzeln, ohne jede Beziehung zueinander, behandelte 1215 das Vierte Laterankonzil beide Probleme, ohne einen Zusammenhang zwischen beiden herzustellen. Dieses Konzil ist nicht ohne Einfluss auf Dominikus geblieben, der als Augustiner-Kanoniker von Osma während einer Reise im Süden Frankreichs dort schon eine Gruppe von Mitarbeitern um sich versammelt hatte, um die dringenden Bedürfnisse der priesterlichen Seelsorge im spirituell verwüsteten Bistum Toulouse zu lindern. Dominikus sah das Zeitgeschehen. Im 12. Jahrhundert waren religiöse Bewegungen entstanden; unter ihren Anhängern befand sich eine große Anzahl von Laien. Die Grundtendenz dieser Bewegungen war, die *evangelische Armut* mit der *Predigt* zu verbinden, oft aber aus einem antiklerikalen Antrieb. Wegen verschiedener Missstände unter dem Klerus hatte sich damals die Frage gestellt: Erfordert die christliche Verkündigung eine kirchliche (bischöfliche) Erlaubnis und somit eine kirchliche Weihe und Sendung, oder ist das Ordensleben oder das evangelische Leben in der Nachfolge der Apostel (dies nannte man damals „vita apostolica") nicht aus sich selbst eine Ermächtigung zur christlichen Verkündigung? Letzteres war der Standpunkt vieler religiöser Bewegungen, wurde aber von den Konzilen offiziell als „Häresie" bezeichnet. Man kann sagen: Die damaligen ketzerischen Bewegungen waren vom Geist des Evangeliums beseelt, während die „offiziellen Prediger" zwar orthodox waren, aber zumindest in ihrer äußeren Erscheinung kein evangelisches Leben führten und ganz in die feudalen Strukturen eingebettet waren. Diese ganze neue religiöse Strömung – vor allem in Frankreich, Italien, Deutschland und den Niederlanden (den damaligen Wohlstandsländern) – zeigt (unabhängig voneinander) auffallende gemeinsame Züge: ein Leben nach dem Evangelium „sine glossa" (ohne Kompromisse). Ihre Spiritualität war durch eine tiefe Frömmigkeit zur Menschheit Jesu gekennzeichnet: dem armen Jesus nachfolgen. (Das geschah unter dem Einfluss der Zisterzienserbewegung und der gregorianischen Reform.)

Zugleich gab es (über die Kreuzfahrer und die Tuchhändler) einen eindeutigen Einfluss aus dem kontemplativen, griechisch-byzantinischen Osten. Der Zustand wurde bedenklicher, als diese evangelischen Bewegungen in Berührung kamen mit östlichen, dualistischen Bewegungen, die über die slawischen Donauländer in den Westen gelangten: „Katharer", als Sammelname für gnostische und dualistische Strömungen. Dadurch geriet die ganze „evangelische Bewegung" noch stärker in kirchlichen Verdacht. Das Problem war: die evangelische Bewegung für die Kirche zu retten und sie gegen die Häresie zu mobilisieren. Vor diesen historischen Hintergrund eines allenthalben begeisterten Wiederauflebens des „Evangelismus", jedoch am Rand der offiziellen Kirche, müssen wir das „Phänomen Dominikus" stellen. Nicht er allein sah das Problematische der ganzen Situation: das sah auch Papst Innozenz III., auch Bischof Diego, mit dem Dominikus nach Südfrankreich reiste, auch Franziskus von Assisi. Dominikus kam aus einem ausgeprägten Realismus zu einem klaren Lösungsentwurf. Er sah ein gewaltiges evangelisches Potential für die Kirche verloren gehen. Er, der selbst in dem schon traditionellen Priesterleben als Kanoniker geformt war, stand anderseits diesen neuen, gegenläufigen Experimenten sympathisch gegenüber. Aber er entdeckte schon bald, warum diese immer wieder entweder scheiterten (in „häretische" Sekten abflossen) oder schon wieder in das traditionelle Klosterleben eingekapselt wurden (etwa Prémontré). Er wollte diese Gegenbewegungen zu einem *echtkirchlichen* gegenläufigen „Evangelismus" machen, zu einer kirchlichen Bewegung; er wollte sozusagen „wie die Ketzer leben", aber „wie die Kirche lehren".

Der Evangelismus musste zu einer innerkirchlichen Herausforderung werden, mit anderen Worten selbst *Kirche* sein und keine Sekte. Die eigene Auffassung des Dominikus lief darauf hinaus, dass er die Lösung der damaligen Probleme in der Vereinigung von *apostolischer*, das heißt aus einer kritischen Erinnerung an die Notwendigkeit einer vom Papst oder vom Episkopat bevollmächtigten Verkündigung mit der ‚*vita apostolica*', das heißt einem radikalen Evangelismus, – in einem Institut – sah: Jesus nachfolgen wie die Apostel. Die durch das Vierte Laterankonzil einzeln behandelten Themen brachte er organisch in einem einzigen Lebensprojekt zusammen. Weil dasselbe Konzil, weitgehend gegen die persönlichen Auffassungen des Papstes Innozenz III., alle neuen Formen des Ordenslebens verboten hatte (Mansi, Bd. 22, 1002) und unbefugtes Predigen als „unerlaubt" bezeichnete (Mansi, a.a.0., 990), hat Dominikus das Beste aus dem traditionellen Klosterleben mit den Grundtendenzen der neuen, in ganz Europa entstandenen evangelischen Gegenbewegungen verbunden, die um der Glaubwürdigkeit der christlichen Verkündigung willen ein evangelisches Leben der Verkündiger forderten. Dadurch brach er die feudalen Strukturen des alten Klosterlebens, und daraus entstand ein neuer Typ des Ordenslebens: der Orden der Prediger, der Dominikaner. Daher sind unsere ältesten Konstitutionen größtenteils mit Elementen aus den Konstitutionen des traditionellen Ordenslebens, nämlich der Norbertiner und Zisterzienser (die damals die lebendigsten religiösen Institute waren) aufgebaut, aus Elementen, die von Dominikus und seinen ersten Gefährten aber innerlich gerade durch das Ziel des Ordens transformiert wurden: die reisende (oder umherziehende) *apostolische Verkündigung*, das heißt der in kirchliche Perspektive gebrachte, neue Geist der damals modernen, experimentellen evangelischen Bewegungen, ein Geist, den Dominikus sich selbst im Süden Frankreichs im Kontakt mit all diesem „häretischen“ evangelischen Enthusiasmus so vieler, breiter, niederer und höherer Volksschichten zu eigen gemacht hatte. Durch die Struktur seines Ordens verzichtete Dominikus auf die wirtschaftliche Stabilität, die das Grundprinzip der älteren Klosterinstitute war. Aus einer religiösen Kritik wurden so die Grundlagen der feudalen Gesellschaft (von Kirche und Gesellschaft) durch Dominikus angetastet. Außerdem hatte die Verbindung des kontemplativ-monastischen Elements mit der umherziehenden Verkündigung eine gründliche Änderung der traditionellen Klosterform zur Folge. Die neue, „korporative“ Idee (eine bestimmte Organisationsform wie in den Handwerkergilden) wurde auf das religiöse Institut angewandt: keine „monarchische“ Autorität des obersten, sondern eine *demokratische* Leitungsform mit mannigfaltigen Wahlen (demokratisch und personalistisch). Der Evangelismus des Dominikus führte, paradoxerweise, zu einer neuen Inkarnation in weltliche Strukturen, nämlich die des aufkommenden „demokratischen“ mittelalterlichen Bürgertums.

Dominikus webte ein neues Gewand, in dem er Faden und Gegenfaden in ein einziges religiöses Projekt aufnahm. Der Dominikanerorden ist somit aus dem Charisma der Kombination der ermahnenden und kritischen Erinnerung an das geistige Erbgut des alten, monastischen und kanonialen Ordenslebens mit dem „modernistischen“ religiösen Experiment des 13. Jahrhunderts geboren. Dominikus hatte ein feines Gespür sowohl für die religiösen Werte der Vergangenheit als auch für die religiöse Zukunftsverheißung, die aus den neuartigen Experimenten seiner Zeit aufleuchtete. Aus diesem zweifachen

Charisma ist der Dominikanerorden geboren. Ich möchte mit Pater Cormier, einem neuzeitlichen Generalmagister unseres Ordens, sagen: Das ist unsere „gratia originalis", die *Ursprungsgnade* unseres Ordens.

Dominikanische Spiritualität ist daher in erster Linie zu definieren als eine Spiritualität, die aus der ermahnenden und kritischen Erinnerung an das, was die vergangene Ordenstradition an Erbgut hinterlassen hat, kritisch und positiv den Gegenfaden dessen aufnimmt, was an Symptomen neuer, religiöser Zukunftsmöglichkeiten – immer wieder von neuem – unter uns lebendig ist. Sie kann daher nie eine *materielle* Wiederholung dessen sein, was dominikanische Vorväter sogar vortrefflich getan haben, aber ebenso wenig – ein *kritikloses* Eingehen auf das, was in Wirklichkeit an „neuen Bewegungen" (in mystischem oder politischem Sinn) heute unter uns sichtbar wird. Die Wahrheitsfrage war dabei für Dominikus wesentlich. Dominikus, der in seinem Herzen letztlich zu hundert Prozent hinter den neuen apostolischen Experimenten der „Verkündigung", kombiniert mit „Armut", stand, hat – in Erinnerung an das, was das vergangene Ordensleben auch an Gutem zuwege gebracht hatte – sich bedingungslos an das gehalten, was das Vierte Laterankonzil (1215) als Richtlinie für jede Erneuerung sowohl des priesterlichen als auch des Ordenslebens angegeben hatte. Sein Charisma war es, diese Richtlinien organisch miteinander zu verbinden und so die Absichten des Konzils persönlich zu erweitern.

Aus dieser Spiritualität, die ihren Niederschlag in unseren allerersten dominikanischen Konstitutionen fand, wird die weitere Geschichte dieser Spiritualität verständlich. Das bringt das historische, wechselnde und immer wieder gegenläufige neue Element in den Mittelpunkt der dominikanischen Spiritualität. Sagten die Konstitutionen aus den Jahren 1221 – 1233 etwa: „Unsere Brüder dürfen nicht die Bücher heidnischer Schriftsteller (gemeint ist vor allem Aristoteles) und der Philosophen (gemeint ist die ganze arabische Philosophie, der große „Modernismus" im Mittelalter) studieren, und ebenso wenig dürfen sie die weltlichen Wissenschaften studieren", so werden noch keine zwanzig Jahre später Albertus der Große und Thomas von Aquin das Studium der profanen Wissenschaften und dieser „heidnischen Philosophen" als eine notwendige Voraussetzung für die Vorbereitung und Ausbildung zu einem passenden dominikanischen Apostolat ansehen. Diese beiden dominikanischen Heiligen haben so aus einer echten dominikanischen Spiritualität einer jedoch in früheren Zeiten verfassten dominikanischen *Konstitution* freimütig widersprochen, somit in Opposition gegen das, was damals tatsächlich offiziell „dominikanische Spiritualität" hieß. Sie taten es – inspiriert von dem, was (zu seiner Zeit) Dominikus tat – mit der erfolgreichen Wirkung, dass diese konstitutionelle Bestimmung später durch ein Allgemeines Kapitel aus den Konstitutionen entfernt wurde, mehr noch: dass spätere Konstitutionen Thomas als Vorbild urgierten (Raimund de Peñafort ließ in Nurcia und Tunis Zentren für arabische Sprachstudien bauen). Das ist echt-dominikanisch, nach dem Herzen des heiligen Dominikus, der selbst „Vergangenheit" und neue „Zukunftsmöglichkeit" zu *seiner* Zeit zu vereinen suchte. (Zugleich mit der neuen Gefahr, dass Thomas später keine grenzen-öffnende Boje wurde, sondern ein *abschließender* Horizont.) Wenn kein Gegenfaden in der Geschichte sichtbar wird, die der Dominikaner vernimmt und selbst wieder aufnimmt, besteht die große Gefahr, dass die dominikanische Spiritualität einschlummert und, schlimmer noch, dass wir aus einer sogenannten „gefestigten" dominikanischen Spiritualität – das wäre ein innerer Widerspruch – neue Versuche zu wahrhaft dominikanischer Spiritualität zu Unrecht als apokryphe Geschichte verketzern. Die Geschichte unseres Ordens kannte daher gerade ihre Höhepunkte immer wieder dann, wenn sie zugleich „Anti-Geschichte" oder gegenläufig war: Dominikus selbst, Albertus und Thomas, Savonarola, Eckhart, Las Casas, Lacordaire, Lagrange, Chenu, Congar, um nur einige zu nennen. Es sind zugleich genauso viele Dominikaner, die immer wieder (zumindest in erster

Linie) in Schwierigkeiten mit der *schon gefestigten* „dominikanischen Geschichte" gerieten, die sich (undominikanisch) weigert, das Neue und Gegenläufige aufzunehmen. Ohne den fundamentalen, uns alle tragenden Wert der vielen anonymen Dominikaner zu verkennen, die ohne jeden Lärm ein gelungenes dominikanisches Ordensleben in aller Stille gelebt haben (durch welche stille, aber breite Strömung neue gegenläufige Geschichten im Orden erst in Gang kommen konnten), wird das Typisch-Dominikanische doch nur dann deutlich wahrnehmbar, wenn Dominikaner, nach dem Beispiel des Dominikus, „das Alte" mit der Dynamik der sich immer anders und neu anmeldenden Zukunftsmöglichkeiten in einer neuen Komposition verbunden haben. Geschieht das nicht in regelmäßigen Abständen, dann besteht die große Gefahr, dass das bekannte dominikanische „Wahrheitspathos" entartet zur Inquisition und zum Ausstoßen neuer „dominikanischer Möglichkeiten", die dann ausrangiert werden und außerhalb der dominikanischen Familie zum Leben kommen. Diese weniger rosige Geschichte – die auch zu unserem Orden gehört – möchte ich gerade nicht zum „goldenen Faden" unserer Familiengeschichte rechnen, die ja darin besteht, immer wieder neu den Gegenfaden aufzunehmen. Nur das Gegenläufige sichert manchmal die Kontinuität! Die Geschichte dieses Gegenläufigen ist gerade der goldene Faden der dominikanischen Familiengeschichte, verwoben in ein breiteres, sozusagen „heiteres" Ganzes. Dass der heilige Ignatius von Loyola von unseren Vorvätern in die Keller eines unserer Klöster eingeschlossen wurde, weil er seiner Zeit mit einem neuen Charisma begegnete, ist eine dieser vielen Geschichten, in denen sogenannte „dominikanische Spiritualität" in ihr Gegenteil pervertiert wurde, was uns heute noch eines un-dominikanischen Chauvinismus zeiht. Mit anderen Worten, dies ist typisch für Zeiten, in denen die Dominikaner nicht mehr „dominikanisch" waren und aus eigenem gefestigten Besitz alles Neu-Gegenläufige verketzert haben. Gerade durch die Augenblicke, in denen wir in der Vergangenheit versagt haben, tritt noch eindeutiger zutage, was nach der Basisgeschichte des Dominikus „dominikanische Spiritualität" sein muss, immer wieder von neuem.

Auf Gott hören, wie er sich schon in der Vergangenheit geoffenbart hat, und auf die heutigen „Zeichen der Zeit" hören, durch die derselbe, sich selbst und uns treue Gott an uns appelliert, ist für die dominikanische Spiritualität wesentlich. Jede Einseitigkeit – in *einspuriger*, kritikloser Ausrichtung entweder auf die Vergangenheit oder auf das, was sich als Zukunftssymptome in der Gegenwart offenbart – ist undominikanisch. Dominikus stellt die Gegenwart mit ihren eigenen Experimentiermöglichkeiten unter die gefährliche Erinnerung an bestimmte Ereignisse und Errungenschaften der Vergangenheit, wie er die Vergangenheit insgesamt aus der gegenläufigen experimentellen Gegenwart zugleich aufbricht und neu prüft: *aus einer solchen Lebenshaltung* ist der Orden geboren. Das muss auch der „Genius" des Ordens bleiben. Die „présence à Dieu" und die „présence au monde" (wie Lacordaire es sagte) qualifizieren das Wesen der dominikanischen Spiritualität durch die ganze Ordensgeschichte hindurch. Und, vielleicht, haben wir erst heute richtig eingesehen, dass – in Erinnerung an die Ordensvergangenheit – die „présence au monde" oder die kritische Solidarität mit der Menschenwelt die einzig mögliche Vermittlung unserer „présence à Dieu" ist. Diese Einsicht bestätigt zugleich die Notwendigkeit der kritischen Erinnerung an die Ordensvergangenheit, in der ja dieselbe „présence à Dieu" in der Vermittlung der damaligen Zeichen der Zeit erlebt wurde. Der „Modernismus" des Dominikanerordens lebt von gefährlichen Erinnerungen aus der Vergangenheit. Nach einem fast Jahrhunderte langen Schlaf waren es Pater Lacordaire und der Generalmagister Jandel, die im 19. Jahrhundert den Dominikanerorden an ihr ursprüngliches Charisma erinnerten und einen Bruch mit dem ungetrübten Traditionalismus, dem der „etablierte Orden" zum Opfer gefallen war, herbeiführten. „Lacordaire" (und alles, was damit in unserer dominikanischen Geschichte zusammenhängt) war in der Tat die *Neuentdeckung* des Ordens durch sich selbst! Denn die Lacordaire-Bewegung nährte sich an dem ursprünglichen Ordenscharisma und hat dadurch von neuem das Problem der „dominikanischen Spiritualität" gestellt.

3. Daraus werden einige Konsequenzen der dominikanischen Spiritualität deutlich:

a) *Glaube an die absolute Priorität der Gnade Gottes* vor jedem menschlichen Handeln: *theologale* Ausrichtung des dominikanischen Lebens, auch seiner ethischen, welt-, gesellschafts- und menschenverbessernden Zielsetzung. Keine krampfhafte Eigenbetätigung, sondern Gottvertrauen: Ich kann Gott mehr vertrauen als mir selbst. Daher ruhige frohe Spiritualität. Gott gibt dem begrenzten Sinn und der begrenzten Tragweite meines eigenen Handelns noch eine unerwartete Zukunft!

b) *Religiöses*, evangelisches Leben (vita apostolica) als Atmosphäre, in der der Dominikaner *apostolisch* ist („salus animarum", *Heil* als Ziel der Ordenstätigkeit): durch Verkündigung in all ihren Formen. Das Ergebnis ist: „contemplari" und „contemplata aliis tradere" (das heißt Übereinstimmung zwischen dem, was man verkündet, und dem eigenen Leben) (siehe Thomas von Aquin, Sth II-II, q. 188 a. 6 und a. 7, worin er das Besondere der Mendikanten gegenüber anderen religiösen Instituten darstellt und dieses Besondere zugleich mit „Armut", dem Freisein von finanziellen Sorgen, verbindet). Diese allgemeine Auffassung von den Bettelmönchen wird typisch dominikanisch durch die wesentliche Einschaltung des Studiums in die Struktur dieses dominikanischen Evangelismus. Gerade dieses Element war den mittelalterlichen evangelischen Bewegungen nicht eigen. „Das Studium ist nicht das Ziel des Ordens, aber ein wesentliches Arbeitsinstrument für dieses Ziel" (sagt Humbert von Romans in seinem Kommentar zu den Konstitutionen). Das Scheitern vieler evangelischer Bewegungen war auch einem Mangel an Ausbildung zuzuschreiben. Außerdem hatten die damals erst errichteten Universitäten das wissenschaftliche Studienelement zwar intensiviert, aber zugleich konzentriert und zentralisiert, sodass die Bistümer geistig verarmten. Das erkannte Dominikus, und deshalb hat er das Studium als institutionelles Element in die Organisation seines Ordens aufgenommen. Es durfte kein Kloster gegründet werden „ohne einen Doktor in der Theologie", das heißt, jedes Kloster muss eine „Schule der Theologie" sein: Ein Dominikanerkloster ist „ständiger Unterricht" (die Trennung zwischen „Studienklöstern" und „Dienstklöstern" ist *undominikanisch*; beide müssen Studien- und „Dienst"-Klöster sein) (siehe die Verteidigung eines Ordensinstituts, das „zum Studium gegründet wurde", durch Thomas: Sth II-II, q. 188, a. 5).

c) Die „*Jesus-Spiritualität*" des Ordens: die „Menschheit Jesu" (Albertus, Thomas, Eckehart, Tauler, Seuse usw.) (damit unmittelbar verbunden die beiden einzigen Formen dominikanischer Frömmigkeit: zu Maria und zu Josef), aber diese Menschheit gesehen als persönliche Manifestation der Menschenliebe Gottes, ist der Mittelpunkt der dominikanischen Spiritualität und Mystik, ohne irgendeine Vorliebe für „abgeleitete" Frömmigkeitsformen. Zwar ist dies „allgemein mittelalterlich", aber gemeinsam mit allen anderen Charakteristika ist es auch typisch-dominikanisch.

d) „*Présence au monde*" („la grace d'entendre ce siècle", wie Pater Lacordaire sagt): Offenheit für die stets neuen Charismen, welche die veränderten Verhältnisse von uns verlangen. Deshalb die Notwendigkeit von „nicht-geschlossenen", sondern demokratischen und beweglichen Strukturen, durch die es möglich wird, dass Dominikaner das Entstehen neuer gegenläufiger Geschichten auffangen können. Charakteristisch ist, dass die Dominikaner ihre *Konstitutionen* nie päpstlich haben approbieren lassen, damit sie sie eigenmächtig auch wieder an neue Verhältnisse anpassen können (siehe *P. Mandonnet*, Saint Dominique, Paris 1937, Bd. I, 237; *L. Moulin*, Les formes du gouvernement local et provincial dans les ordres religieux: Revue Internationale des Sciences Administratives 1-3, 1955, 9, Anm. 1).

e) (als Folge von d): Seit Albertus und Thomas wurde die dominikanische Spiritualität innerlich bereichert durch die (dominikanisch anfänglich abgelehnte, aber bald allgemein akzeptierte) Einschaltung des christlichen „Säkularisations"-Prinzips *in* die wesentlich religiöse und evangelische Einstellung: das heißt erst die Dinge (Sachen; zwischenpersönliche Beziehungen; das Zusammenleben) in ihrem inneren Eigenwert und ihren eigenen Strukturen erkennen, bevor man vorzeitig ihre Beziehung zu Gott heranzieht. Heute hat dies enorme Konsequenzen gegenüber den verschiedenen Formen von pseudo-mystischem Supranaturalismus, der nicht selten auf besserwisserische Rechthaberei unter dem Schein der Frömmigkeit hinausläuft.

Anfangs stand der Orden der Einbeziehung „natürlicher Quellen" in den dominikanischen Evangelismus zurückhaltend gegenüber. Die traditionelle Ablehnung der „Profanwissenschaften" durch die Mönche wirkte weiter, wenn auch unter der Einschränkung des dominikanischen „Dispensprinzips". Die ersten Dominikaner waren „anti-philosophisch" (mit der Gefahr eines evangelischen „Supranaturalismus"). Die *Vitae fratrum* (G. Frachet) feiert die „heilige Naivität". Albertus und Thomas schufen eine Wende, Albertus, indem er sich ziemlich heftig gegen Konfratres wandte, „die so von neuem die Mörder des Sokrates werden wollen". Es ging um einen Kampf um die Konsequenzen des integralen Evangelismus, den Albertus und Thomas „aufgeklärt" sehen wollten, nicht-naiv. Im Kapitel von Valenciennes (1259) erhält die Richtung des Albertus und des Thomas recht: Das Studium der „Profanwissenschaften" wird bei der Ausbildung verpflichtend.

f) Die anderen Gegebenheiten: liturgisches Choroffizium, Klosterobservanzen und Gemeinschaftsleben, sind, traditionell, *allgemein*-religiös, in diesem Sinn nicht *typisch*-dominikanisch. Gerade das war die gefährliche Erinnerung an die (monastische und kanoniale) Vergangenheit, der Dominikus – wenn auch in kritischer, einschränkender und bescheidenerer Form – in seinem neuen religiösen und apostolischen Projekt Gestalt gab.

g) Das „Dispens-Prinzip" (das geht wohl historisch auf Dominikus selbst zurück): das heißt Ehrfurcht vor dem ganz persönlichen Charisma des Mitdominikaners innerhalb der dominikanischen Gemeinschaft, im Hinblick auf das Ordensziel. Zwar ein äußerst gefährliches Prinzip, das schamlos missbraucht worden ist; aber Dominikus ging lieber das Risiko ein, als um des drohenden Missbrauchs willen die menschliche und christliche Heilsbedeutung des „Dispens-Prinzips" selbst preiszugeben. Als *allgemeines* Prinzip war dies im Mittelalter eine völlig neue, dominikanische Erfindung. Wegen des Studiums im Dienst am „Heil der Menschen" (salus animarum) und um des Apostolats selbst willen ist, paradoxerweise, Dominikanersein notfalls „sogar für sich" möglich. Das setzt das dominikanische „Ausgebildetsein" voraus, aber es wurde keineswegs erfahren als ein „Stehen außerhalb des Gesetzes", im Gegenteil: Dispens ist ein dominikanisch-konstitutives Gesetz. Etwas „so tun müssen wie alle anderen" ist der ursprünglichen dominikanischen Gesetzgebung fremd. Aufgrund dieses ursprünglich-dominikanischen Prinzips stehen auch heute noch für „moderne Experimente" in unserer Zeit weite Möglichkeiten offen, sogar Experimente, die manche aus einer „etablierten" dominikanischen Spiritualität nicht mehr gutheißen können (allerdings werden diese Experimente auch stets aus und innerhalb der gefährlichen Erinnerung an die schon Jahrhunderte lange religiöse Tradition geschehen müssen, die bleibende, stets „denkwürdige" Perspektiven vorzeichnet, ohne die alle Experimente von vornherein zu religiösem Scheitern verurteilt sind).

Zwar lassen sich aus unserem reichen Familienarchiv zahlreiche Beispiele für diese Besonderheit anführen, aber ich will nur auf ein Geschehen bei den ersten Redaktionen unserer dominikanischen Konstitutionen hinweisen. Die auffallende „demokratische Struktur“ unseres Ordens, von der Verwaltungsfachleute gesagt haben, dass sie ein Unikum unter den katholischen Klosterinstituten sei, wird gerade aus der typischen, gegenläufigen Ordensspiritualität verständlich (innerhalb ihres Respekts vor allem Guten im traditionell Überlieferten). Bei einer Revision der Konstitutionen, zu einer Zeit, da große Kanonisten aus den damaligen Universitäten dem Orden beigetreten waren (u. a. Raimund von Peñafort), wurden die Konstitutionen „neu formuliert“. Das geschah auf einem allgemeinen Kapitel in Bologna. Unmittelbar vor und bei diesem Kapitel konnte man in der Universität und der Stadt Bologna aber gegenläufige gesellschaftliche Äußerungen vernehmen, und außerdem war dort ein Streit zwischen den Ghibelinen (Konservativen) und den Welfen (der fortschrittlichen Volkspartei) im Gang. Dominikaner waren als Berater bei diesem ganzen Konflikt beteiligt. Die dabei von der progressiven Partei geforderte Mitbestimmung aller Interessierten hat ihren Einfluss auf unsere dominikanischen Konstitutionen gehabt. „Was alle berührt, muss von allen mitentschieden werden“: Das damals geforderte, neue bürgerliche Prinzip wurde auch von den Dominikanern verteidigt und später (unter ihrem Einfluss aus bürgerlichen Erfahrungen in Bologna) *in* unseren dominikanischen Konstitutionen sanktioniert. Neue, „weltliche“ Erfahrungen haben so unsere ältesten Konstitutionen wesentlich mitbeeinflusst. Die damaligen emanzipativen gesellschaftlichen Bewegungen haben unsere Konstitutionen wesentlich geprägt, da sie von dem damaligen traditionellen Führungsmodell völlig abweichen. Diese Dominikaner haben, nach dem Vorbild des Dominikus, nicht nur mahnend den Finger erhoben und auf das hingewiesen, was „von alters her“ Gewohnheit war, sondern zugleich auf die Stimme Gottes gehört in dem, was (wie unruhig auch) in den menschlichen, weltlichen Emanzipationsbewegungen der damaligen Zeit zu Wort kam, und sie haben aus diesen neuen Erfahrungen die dominikanische Klosterstruktur neu geschrieben, keine zwanzig Jahre nach Dominikus. Das ist nur ein Fall von Gegenläufigkeit, welche die dominikanische Familiengeschichte durch die Zeiten hindurch immer wieder als „eigenes Thema" vernehmen lässt.

4. Ich habe nur einige dominikanische Charakteristika aufgezählt; es ließe sich noch viel mehr sagen. Außerdem – das sei ausdrücklich gesagt – ist damit keineswegs geleugnet, dass Nicht-Dominikaner vielleicht dasselbe tun. In diesem Fall kann die dominikanische Spiritualität nur voller Freude sagen: Um so besser! Es geht nicht darum, uns einen unerhörten Exklusivismus anzueignen; sondern um das, was wir, als Dominikaner, in jedem Fall zu tun haben, und zwar kraft des Ordenscharismas und unseres dominikanischen Engagements (durch die Profess). Wenn andere es später auch tun, kann dies nur die Gültigkeit, die richtige Intuition unserer Auffassung bestätigen. Dadurch, dass eine typisch-eigene Auffassung „universalisiert" wird, verliert sie keineswegs an Wert, im Gegenteil!

Der frühere Augustinerkanoniker Domingo de Guzmán nahm – *aus Treue* zu seiner ursprünglichen Lebensrichtung – doch einen neuen Lebenskurs (der der Anfang des Dominikanerordens wurde) dank eines lebendigen Kontaktes mit menschlichen und kirchlichen Nöten, die er in seiner „ersten Berufung" nicht kannte. Man kann Dominikus nicht eines Verrats an seiner ersten, doch unwiderruflich gemeinten Berufung beschuldigen! Seine Kursänderung war ein neuer „way of life", *um* (in Kontakt mit den ihm besser erscheinenden Möglichkeiten) dem tiefsten Sinn seiner ursprünglichen Berufung in Konfrontation mit neuen Nöten treu zu bleiben. (Nach den ältesten Biografen des Dominikus konnte er beim Anblick der Not anderer zu Tränen gerührt werden. Daher das Verlangen dieses realistischen Organisators – ein Verlangen, das ihn sein ganzes Leben lang nicht verlassen sollte –, irgendwohin im Balkan zu den Kumanen zu gehen, offensichtlich der Durchgangsplatz für die dualistische Häresie des Ostens zum Westen.) Aus einer solch ziemlich bestürzenden kursverändernden Treue ist der Orden entstanden. „Kursänderung“ aus *Treue* gehört daher zum Kern des dominikanischen Charismas.

Wie wir nun heute vorgehen sollen, kann sich kein Theologe, Kanonist, psychologischer oder soziologischer Betriebsleiter von seinem Schreibtisch aus und aus seinem Zettelkasten ausdenken. Das muss konkret und experimentell von charismatisch beseelten Ordensleuten ausprobiert werden, wenn auch innerhalb der gefährlichen Erinnerung an das immer wieder Gegenläufige – den goldenen Faden – in unserer dominikanischen Familiengeschichte, wobei man kritisch die gelungenen Versuche im Kontext der Vergangenheit nicht vergessen darf, sondern ihrer dankbar gedenkt und sie im Kontext des neuen Projekts fruchtbar machen muss. Doch können wir mit Thomas von Aquin, der darin eindeutig dem nüchternen und genialen Temperament des Dominikus folgt, als Richtlinie formulieren: „Nicht dadurch ist ein Ordensinstitut vortrefflicher, dass es strengere Observanzen hat, sondern dass die Oberservanzen *mit größerer Sachkunde* auf das Ziel des Ordenslebens abgestimmt werden“ (Sth II-II, q. 188, a. 6, ad 3). Und das erfordert unter neuen Zeitverhältnissen eine erneute sachkundige religiöse Entscheidung, an der alle teilhaben, damit die Strukturen selbst für das neue Gegenläufige offen bleiben.

Diese Forderung ist eine Pflicht. Denn bei der Profess optieren wir auch für eine bestimmte, nämlich die dominikanische Gemeinschaft und ihre Ideale. Es können solche Fehler und Defekte in einer konkreten Gemeinschaft liegen (sei es durch Verrat an der dominikanischen Familiengeschichte, sei es dadurch, dass diese Geschichte nicht mehr lebendig und in der Gemeinschaft erstarrt und totgelaufen ist), dass es dem Professen, *aus Treue* zu seinem dominikanischen Ideal, ethisch erlaubt ist und manchmal sogar zur Pflicht werden kann, die dominikanische Gemeinschaft zu verlassen, die ihm nicht *die Stütze gibt*, auf die jedes Mitglied der dominikanischen Familie *kraft seiner Profess* einen Anspruch hat. Denn paradoxerweise setzen wir uns hier der Gefahr aus, gerade als Dominikaner ein „dominikanisches Charisma" aus unseren Reihen zu stoßen. Die dominikanische Familiengeschichte gibt uns genügend Richtungshinweise, um, wenn wir auf die Stimme Gottes in den Symptomen der heutigen Bewegungen hören und ihre Kraftlinien aufzuspüren suchen, diese Geschichte mit einem neuen, noch nicht veröffentlichten Kapitel zu bereichern. Nachdem heute für viele die dominikanische Familiengeschichte auserzählt zu sein scheint, weil fast niemand mehr in den Bann dieser Geschichte gerät, ist es allein uns allen, den heutigen Dominikanern, Männern und Frauen, in die Hand gegeben, ihr eine Wende zu geben, so dass sie wieder fesseln kann (nicht als Trick oder Sensation, sondern eben als authentisch-dominikanische Familiengeschichte), so dass andere sich der dominikanischen Erzählgemeinschaft wieder anschließen wollen und die Geschichte weitergeben werden. Und dann darf dabei ruhig auch die *Folklore*-Geschichte, die jeder Orden neben seiner großen Geschichte hat, mit weitererzählt werden; das weist nur darauf hin, dass die *große* dominikanische Familiengeschichte von normalen, sehr menschlichen Menschen gemacht und weitererzählt wird, die sich selbst jedoch kraft der unverdienten und menschenliebenden Huld Gottes übertreffen. Es würde aber tödlich für die dominikanische Familiengeschichte werden, wenn diese größere Geschichte sich auf die Dauer zur Geschichte der dominikanischen Hausfolklore verengen und darauf reduzieren würde.

Ich bin mir bewusst, dass ich viel und zugleich wenig gesagt habe. Das passt vielleicht am besten in das Kapitel, das wir alle, hier und jetzt, der Geschichte der großartigen Familientradition hinzufügen. Möge es eine Fortsetzungsgeschichte werden, die länger dauert als die Geschichte, die über alle Fernsehstationen die ganze Welt in ihrem Bann gehalten, aber das Antlitz der Welt keineswegs erneuert hat: Peyton Place, die Forsyte Saga oder Dallas. Möge die dominikanische Geschichte ein *Gleichnis* sein, das unausgesprochen, aber einladend mit den Worten Jesu endet: „Geh und handle du genauso" (Lk 10,37).

5. *Dominikanerinnen.* Im Jahr 1206, noch bevor Dominikus an den Dominikanerorden dachte, hatte er in Prouilhe ein Frauenkloster gegründet. Seine Absicht lag aber auf der gleichen Linie: Er wollte die religiöse evangelische Bewegung, die auch viele Frauen ergriffen hatte, zu einer kirchlichen Bewegung machen, das heißt: die Kirche selbst *evangelisch* machen und den sektiererischen Evangelismus *kirchlich.* Evangelismus ohne Kirchlichkeit und Kirchlichkeit ohne Evangelismus ist seinem Wesen nach undominikanisch, das heißt entgegen dem konstitutiven Ursprungscharisma des Ordens.

Zur Zeit des Dominikus war die evangelische Beseelung praktisch vor allem in „abweichenden" Bewegungen zu finden. Daher die Predigt des Dominikus unter den „Ketzern". Unter solchen Frauen (orthodox gebliebenen Waldensern; den „Katholischen Armen") rekrutierte Dominikus die ersten Insassen von Prouilhe: Er gab ihrem seitwärts der Kirche erlebten Evangelismus ein kirchliches Milieu. So gründete er 1219 auch in Madrid und 1219 in Rom (S. Sisto) Frauenklöster, denen er Konstitutionen gab (die später die Grundlage des Dominikanerordens bilden sollten). Nach vielen Schwierigkeiten wurde zu Bologna unter dem Antrieb eines achtzehnjährigen Mädchens, Diana von Andalò (der späteren Freundin des zweiten Generalmagisters, Jordans von Sachsen), erst nach dem Tod des Dominikus das Frauenkloster S. Agnese gegründet.

Typisch ist aber, dass sich am Ende seines Lebens Dominikus, und nach seinem Tod der ganze männliche Zweig des Ordens, systematisch gegen die Eingliederung neuer Frauenklöster in den Orden zur Wehr setzten, ein Widerstand, der im Kampf mit Päpsten bis 1259 dauern sollte. Aus den Archiven geht hervor, dass dieser Widerstand durch das Ordensziel selbst motiviert war: Die Sorge für die Schwestern hinderte die Dominikaner bei ihrem Auftrag, überall zu verkünden. Auf einem besonderen Generalkapitel von 1228 (Paris) wurde unter Strafe des Ausschlusses aus dem Orden allen Dominikanern verboten, sich mit der Leitung und Seelsorge in unseren Frauenklöstern (mit Ausnahme der ersten vier großen Klöster) zu beschäftigen. Denn in den nördlichen Gegenden war die sich ausbreitende dominikanische Bewegung der dort sehr lebendigen evangelischen Frauenbewegung begegnet; diese wurde (außer auch franziskanisch) vor allem mit einem Schlag dominikanisch. Nach kurzer Zeit gab es Hunderte von Frauenklöstern mit je mehr als hundert dominikanischen evangelischen Frauen.

Niemand hatte dies geplant, es war die spontane Folge der Begegnung zwischen der dominikanischen Verkündigung und der damaligen evangelischen Frauenbewegung. Seitdem entstand bei den männlichen Dominikanern ein grundsätzlicher Widerstand gegen die Sorge für all diese Schwestern, durch die das eigene Ordensziel behindert wurde. Gegen dessen Willen verpflichteten päpstliche Bullen immer wieder den Orden, sich sowohl finanziell als auch geistig des Schicksals dieser Schwestern anzunehmen. 1252 (Kapitel von Bologna) richtete sich der Widerstand des Ordens auch gegen diese wiederholten päpstlichen Bullen (hervorgerufen durch einen Appell unserer Schwestern an Rom). In einer Bulle vom 15. Juli 1552 gibt Inonzenz IV. zu: Rom wird vorläufig solche Bullen nicht mehr erlassen, aber die bestehenden Frauenklöster sollten unter der Obsorge der Dominikaner bleiben. Diese folgen dem aber nicht; und sie erhalten schließlich einen Widerruf von demselben Papst, der sagt: „Ich habe mich davon überzeugen lassen, daß die wesentlichste Aufgabe des Ordens die Verkündigung ist. Dieses Ziel muß den Vorrang haben und wird durch die Sorge für die weiblichen

Klöster behindert. Deshalb entbindet der Papst den Orden von allen Verpflichtungen gegenüber den Frauenklöstern … mit Ausnahme von Prouilhe und San Sisto in Rom."

Aber alle Schwesternklöster bestürmen die päpstliche Kurie mit leidenschaftlichen Plädoyers. Der Papst stand zwischen zwei dominikanischen Fronten: den Männern und den Frauen. Er kannte den grundsätzlichen Widerstand des männlichen Zweigs. Da starb der Generalmagister Johannes Teutonicus (1252). Die Kurie griff diese Vakanz auf. Der Kardinal gewordene Dominikaner Hugo a Sancto Caro, der selbst von der evangelischen Frauenbewegung begeistert war, erhielt vom Papst alle Vollmachten, um mit dem Orden zu einer Regelung zu kommen. Zuerst „mit stillen Maßnahmen" will er den Widerstand des männlichen Ordens brechen: Bis zur neuen Wahl des Generalmagisters (Humbert von Romans) müssen die Dominikaner zumindest die geistliche Sorge für die Schwestern wieder übernehmen. Der Orden bleibt eigensinnig, und auf dem Kapitel von Mailand (im Jahr 1255) wird verordnet, dass (im Gegensatz zu Männerklöstern) drei aufeinanderfolgende Generalkapitel nötig sind zu der Entscheidung, ob ein zu errichtendes Frauenkloster unter dominikanische Leitung fallen soll. Diese erste Entscheidung wurde in Paris (1256) und Florenz (1257) bestätigt und wurde so zu einer dominikanischen Gesetzgebung. Und 1259 wurde die endgültige Entscheidung gefällt, dass alle schon gegründeten Frauenklöster einen Anspruch auf dominikanische priesterliche Seelsorge haben. (Dieses Aufgeben des Widerstandes des Ordens war die Folge der vermittelnden Tätigkeit des Dominikaner-Kardinals Hugo a Sancto Caro, der in eigener Person den „offiziell kirchlichen" und den „offiziell dominikanischen" Standpunkt sozusagen in sich vereinigte. Oft war im Orden, schon von Dominikus an, das „dominikanisch Besondere" ein Kompromiss zwischen der päpstlichen Ansicht und der Auffassung der Dominikaner; beide Parteien verstanden es, dadurch das Wesentliche ihrer Ansprüche zu erhalten.) Nach etwa dreißig Jahren Widerstand kapitulierte der Orden;

für neue Klöster blieb die dominikanische Bestimmung von drei Kapiteln in Kraft. Die Verschwörung zwischen der päpstlichen Kurie und den Schwestern hatte den Prozess gewonnen. Und der Orden wurde außerdem verpflichtet, für den ganzen weiblichen Zweig Konstitutionen zu schaffen. Im Generalkapitel von 1259 (Valenciennes) legt Humbert von Romans die für Schwestern angepassten *Dominikanischen Konstitutionen* zur Approbation vor. Dies alles gab den Schwestern auch eine wirtschaftliche Existenzsicherheit, wodurch sie sich dem Studium und der Kontemplation widmen konnten (denn die sich selbst überlassenen Schwesternklöster lebten wegen Überbevölkerung auch kollektiv oft in buchstäblich realer Armut). Die Folge der jetzt kommenden engen Zusammenarbeit von männlichen und weiblichen Dominikanern war die im 14. Jahrhundert entstandene dominikanische mystische Bewegung, Ergebnis der theologisch-mystischen Begleitung der Frauen durch dominikanische Lektoren und die weibliche Antwort auf diese Leitung (1300 – 1380, das heißt in der Zeit der großen Pest, die auch Tausende von Dominikanern sterben ließ und den ersten dominikanischen Elan gebrochen hatte; außerdem war der Orden durch das Schisma – Avignon – zweier Päpste gespalten).

Später, vor allem im 19. Jahrhundert, sind viele Schwesternkongregationen außerhalb des Ordens gegründet worden, so dass der Orden keine Verantwortung für sie hatte und niemand für eine echte dominikanische Spiritualität Sorge trug; ihr Geist war oft der Geist des caritativ beseelten, allgemein-religiösen Lebens des 19. Jahrhunderts.

Die Tatsache, dass zur Zeit allenthalben Tendenzen entstehen, dass Männer und Frauen gemeinsam nach einer Form dominikanischer Spiritualität in einem modern erneuerten „evangelischen Leben" suchen, oft in gesellschaftskritischem Sinn, verdient daher unsere dominikanische Aufmerksamkeit. Zwar ist es noch ein Suchen, aber man darf nicht a priori diese vielleicht dominikanische Möglichkeit ausschließen. Aus einem gemeinsamen dominikanischen Geist und in einer

Zusammenarbeit von dominikanischen Brüdern und Schwestern wurde die mystische dominikanische Bewegung im 14. Jahrhundert (einem Höhepunkt dominikanischer Spiritualität) historisch verständlich. Durch unsere eigene Geschichte belehrt, dürfen wir neue mögliche Charismen nicht von vornherein ausschließen. Neue, auf den ersten Blick bestürzende „dominikanische Optionen“ dürfen als eventuelle Zukunftsmöglichkeiten daher nicht per se weggedrückt werden, allerdings wird man der gefährlichen Erinnerung an die Ordensvergangenheit dabei besondere Beachtung schenken müssen.

DIE UTOPIE DES PREDIGERORDENS

Eine Skizze zum Wesen des Dominikanischen

Franz Müller OP

Von der Utopie des Predigerordens in seinen Ursprüngen sprechen, heißt von Dominikus und seiner Utopie sprechen: der Predigerorden ist ganz Dominikus' Werk, in ihm gewachsen, von ihm durchdacht und mit Geduld realisiert.*

Die Utopie des heiligen Dominikus

Dominikus will Menschen sammeln, die sich ganz einer *glaubwürdigen Evangelisation* hingeben wollen und dazu auch fähig sind, weil sie sich selbst dem Evangelium aussetzen, sich durch und durch von ihm prägen lassen und ihm vor aller aktiven Evangelisierung – diese untermauernd und begleitend – durch das Leben in *evangelischen Gemeinschaften* sichtbare Gestalt geben. Die Gemeinschaft ist dabei jene Stadt auf dem Berg, die niemandem verborgen bleiben kann (vgl. Mt 5,14-16). Lebensinhalt für Dominikus selbst und Ziel seiner Ordensgründung ist die *Predigt*, und zwar im Sinne der bis dahin den Bischöfen vorbehaltenen *„amtlichen" Glaubensverkündigung und -unterweisung*. (Dominikus setzt durch, dass der Papst ihn und seine Brüder nicht einfach als „praedicantes", sondern als „praedicatores" einsetzt; das besagt: nicht nur „Predigende" in einem weiteren Sinn, sondern „Prediger" aus einem Grundauftrag.) Predigt als

---

* Folgende Überlegungen waren Gedankenstöße für das in der Osterwoche 1982 abgehaltene Provinzkapitel der Schweizer Dominikaner. Sie verdanken sich dem Mitleben in einer dominikanischen Gemeinschaft und den Studien von P. M.-H. Vicaire OP und P. V. Koudelka OP.

Evangelisation derer, die von den ordentlichen Trägern der Verkündigung noch nicht oder nicht mehr erreicht werden.

Spezifisches Tätigkeitsfeld der Predigerbrüder sind also *die Randgruppen und die Menschen außerhalb der Kirche*, in zweiter Linie auch das „Zentrum", insofern es der Reform bedarf.

Der Weg zur Utopie

Hinter dieser Zielsetzung steht die *persönliche Erfahrung* und Überzeugung, dass das Evangelium Botschaft von *Gottes Heil für alle Menschen* ist (misericordia Dei). Erfahrung und Überzeugung, die in Dominikus gewachsen und gereift sind in den Jahren des *Studiums* und der *Kontemplation* in Palencia und Osma. – Hinter dieser Zielsetzung steht ebenso die *Konfrontation mit konkreten Unheilssituationen*, von denen sich Dominikus treffen ließ und die er darum als persönliche Herausforderung erfuhr: Hungersnot in Palencia, die Kumanen, das Katharertum[1], Reformbedürftigkeit der Kirche.

Diese *doppelte Betroffenheit* vom Evangelium und von der Not derer, die dem Evangelium fernstehen, ist die „Triebfeder", die Dominikus zum Handeln anspornt. Die Betroffenheit vom Evangelium, die nach persönlicher Aneignung und Vertiefung verlangt, gewinnt bei Dominikus vorläufige Gestalt durch den Eintritt in das reformierte Kapitel von Osma und das Leben als observanter Augustinerchorherr[2]:

---

[1] *Katharer* (wörtlich: Die Reinen) werden die Anhänger einer immer noch schwer zu greifenden gnostisch-christlichen Bewegung genannt, die Anfang des 12. Jahrhunderts über den Balkan nach Europa eindrang; *Kumanen* nach einem untergegangenen türkischen Volk mit christlichem Glauben, das in den ersten zwei Jahrhunderten unseres Jahrtausends auf dem Balkan (bis in die Ukraine) von großem politischen und kulturellem Einfluss war.

[2] Neben den Augustinereremiten, zu denen Martin Luther gehörte, sammelten sich – unter Beobachtung („observare", Observanten) der Augustinerregel – im frühen Mittelalter Priester um eine Domkirche als Chorherren (d. h. mit gemeinsamen Chorgebet): die *Augustinerchorherren*.

Gemeinschaft, Kontemplation, Studium. – Die Herausforderung durch die Not der Nicht- oder Schlecht-Evangelisierten findet eine vorläufige Antwort in Dominikus' einsamer *Wanderprediger*tätigkeit *in Armut*, die auf die Jahre des Kanonikerdaseins in Osma folgt. Zeit in Osma: Verwirklichung des evangelischen Ideals der *vita apostolica* (des von Kontemplation und Gebet geprägten gemeinsamen Lebens). Es führt sich zurück auf die Schilderungen der Urgemeinde in der Apostelgeschichte und ist in der Kirche institutionalisiert in der kanonialen[3] Tradition (besonders der Chorherren an den Bischofskirchen) und im cönobitischen (also in Gemeinschaft lebenden) Mönchtum – Zeit der Wanderpredigt: Verwirklichung des evangelischen Ideals der *regula apostolorum* (Wanderpredigt in Armut). Es orientiert sich an Jesu Predigttätigkeit und an der Apostel- und Jüngeraussendung durch Jesus. In der Geschichte der Kirche ist es ein höchst unbeständiges, eher sporadisch auftretendes und auf Einzelinitiativen beruhendes Phänomen und wird zur Zeit des Dominikus von Gruppen am Rand der Kirche (Armutsbewegungen) oder außerhalb ihrer (Gegenkirche der Bogumilen und Katharer) realisiert. Franz von Assisi versucht, dieser Inspiration auf seine Weise in der Kirche Gestalt zu geben.

Was Dominikus vorschwebt, ist, dass das beziehungslose, weil sich scheinbar ausschließende und auseinanderstrebende Nebeneinander dieser Traditionsstränge in der Geschichte der Kirche bzw. das Nacheinander in der persönlichen Entwicklung des Dominikus in Synchronie zum spannungsgeladenen, aber fruchtbaren *Miteinander* werden sollen. Dominikus verbindet die zwei Ideale zu einem einzigen, nachdem er das zwischen beiden Idealen oder Lebensformen bestehende *dialektische Verhältnis* erfahren und (wieder-)entdeckt hat: Das eine bedarf des anderen und bedingt es gerade im Hinblick

[3] *Kanonial*: nach den gemeinsamen Regeln, Canones, unter denen die Chorherren zusammenlebten; *cönobitisch*: nach dem Kloster (Coenobium), in dem die Mönche zusammenlebten.

auf die Predigt. In der aus der Verbindung beider hervorgehenden neuen Lebensform findet Dominikus das von ihm gesuchte ideale *„Instrument" für eine schlagkräftige Evangelisation und wirksame Reform* des kirchlichen Lebens.

Die Realisierung der Utopie

Wie gesagt: Dominikus versucht um der Evangelisation willen zwei bis dahin eigenständige, ja gegensätzliche Lebensformen zu synthetisieren, und radikalisiert dadurch beider Wesenselemente. (Wanderpredigt und Kontemplation: Dominikus kennt nur ein Sprechen „cum Deo aut de Deo", mit Gott oder von Gott. – Armut wird zur Bettelarmut auch der Gemeinschaft. – Bei der Gestaltung des gemeinsamen Lebens lässt sich Dominikus von Prémontré[4], d. h. von Satzungen mit Höchstforderungen, leiten; die Sorge für das Funktionieren des Ganzen geht in die aktive Verantwortung aller über. – Das Studium als kontinuierliches Lernen wird zur Pflicht aller.)

Dominikus schafft damit ein hohes Ideal, das – die Geschichte des Predigerordens zeigt es – wegen der darin eingeschriebenen *Spannung* und des dadurch ausgelösten dialektischen Prozesses kaum lebbar ist. Die bewusst intendierte Spannung wird zugunsten des einen oder anderen Pols aufgelöst, und die Utopie geht ihres eigentlichen Wesens verlustig. Dennoch ist diese komplexe Lebensform nichts anderes als die logische und konsequente Entfaltung der *Implikationen der Evangelisation*; von dorther ergibt sich die Einheit der Spannung. Gewiss eine *Überforderung*, aber das ist der Anspruch des Evangeliums.

---

[4] *Prémontré* (im Departement Aisne, Frankreich) ist das Urkloster der Prämonstratenser.

Die einzelnen Elemente in ihrer Zusammengehörigkeit

- Die Aufgabe, für die Dominikus seinen Orden gründet, das Ziel, ist die *Weitergabe des Evangeliums* – Begründung und Vertiefung des Glaubens – und, damit gegeben, die Sorge um das Heil der Seelen, weil das Evangelium eben *Heilsbotschaft* ist. Wir haben inzwischen gelernt – bei Dominikus fehlt es allerdings auch nicht ganz –, dass Heil im biblischen Sinne ganzheitlich zu verstehen ist, was die Aufgabe um so schwieriger macht.
- Das Evangelium ist bei aller Aufgegebenheit in seinem Wesen vorgegeben. Durch das theologische *Studium*, von Dominikus als lebenslanger Prozess verstanden (kein Konvent soll ohne Lektor, den ausgebildeten theologischen Lehrer, sein!), lernt der Prediger die Wahrheit des Evangeliums tiefer verstehen, und er übt sich in der *Unterscheidung der Geister*, die ihn davor bewahrt, sich selbst oder andere vermeintliche Wahrheiten mit der Wahrheit des Evangeliums zu verwechseln.
- Vorgegeben ist auch der *Adressat*, bei dem das Evangelium als Heil ankommen soll. Darum die Notwendigkeit des Studiums als *Situationsanalyse*, die dialogischen Charakter hat. (Vgl. den Versuch des Thomas, das profane Denken seiner Zeit mit dem Evangelium ins Gespräch zu bringen.) Wir wissen heute von der gegenseitigen Abhängigkeit der beiden Pole des Studiums und um die Notwendigkeit, den eigenen Standort stets mitzuanalysieren.
- Für Dominikus ist es ein Unding, de Deo, von Gott, sprechen zu wollen ohne das *Gespräch mit Gott*: bewusstes Verweilen in der Gegenwart Gottes (oder Aushalten seiner Abwesenheit) in der *Kontemplation*; sich loslassen, dem Geheimnis Gottes ausliefern und von ihm ergriffen werden. Ohne diese ganz *persönliche Aneignung* des Evangeliums, ohne den vertrauten Umgang mit dem Vater, wie

Jesus ihn gepflegt hat, wird das Tun des Predigers kraftlos und leer. Oratio secreta, das private Gebet, und Kontemplation sind Voraussetzung der Evangelisation und begleiten diese. Gewiss wird dann die Tätigkeit des Predigers auf seine Kontemplation zurückwirken. (Vgl. Dominikus' nächtelanges Ringen mit Gott um die „Sünder".)

- Weshalb ist für die Predigt *Gemeinschaft* notwendig (echte Gemeinschaft, nicht bloß organisatorische um der größeren Wirkung willen)? Das Evangelium stiftet Gemeinschaft und gewinnt konkrete Gestalt im geglückten menschlichen Zusammenleben. Gelungene Gemeinschaft ist schon durch ihre Existenz Predigt. „Praedicatio Jesu Christi" (Predigt Jesu Christi) nennt Dominikus die erste Gemeinschaft von Prouilhe. Die Gemeinschaft ist der Ort, an dem sich die Predigt bewahrheiten muss. Die Evangelisation bedarf der Gemeinschaft als ihres Nährbodens, damit sie nicht abstrakt bleibt. Dabei besteht die Gemeinschaft um des Evangeliums und der Evangelisation willen. Das eine kann nicht gegen das andere ausgespielt werden. Im Konfliktfall, der nicht zu früh angesetzt werden darf, hat die Evangelisation (und die Vorbereitung dafür) den Vorrang vor den Gemeinschaftspflichten – deshalb die Möglichkeit der zeitweisen Dispens davon. Dauerdispensen sind jedoch von Dominikus nicht vorgesehen. Dominikus optiert für größere Gemeinschaften, damit die Anforderungen der Evangelisation das Gemeinschaftsleben nicht gefährden.
- Dominikus insistiert auf der gemeinsamen Eucharistie und Liturgie. Oft spornt er die Mitbrüder im Chor zu größerem Eifer an. Das *gemeinsame Gebet* ist wesentlich für den Aufbau jeder christlichen Gemeinschaft, erst recht für den einer Predigergemeinschaft. Wäre es, einmal abgesehen von der inneren Notwendigkeit, den Brüdern von außen aufgedrängt worden, dann hätte sich Dominikus auf das damals unumgängliche Minimum beschränkt, was aber keineswegs der Fall ist. Dennoch zeigen das „breviter et succincte" (kurz und konzentriert) als Anweisung für das

Chorgebet und die mögliche Dispens, dass Liturgie für Dominikus nicht eigentliches Ziel (heute besteht dieses Missverständnis wohl kaum), sondern Medium dominikanischen Lebens ist.

- Trotz der radikalen Form (Bettelarmut der Konvente), die Dominikus wählt, ist auch die *Armut sub ratione evangelisationis*, unter dem Aspekt der Botschaft, zu sehen. Sie meint einen dem Evangelium entsprechenden Lebensstil. Der Besitz der für die Evangelisation notwendigen Arbeitsinstrumente ist nie in Frage gestellt. Die Armut bedeutet *Befreiung von allem überflüssigen Ballast*, der die Evangelisation hindert und als Gegenzeugnis wirken könnte. Der Verzicht auf Grundbesitz und Pfründen ist Absage an Macht und Einfluss. Sichere Einkünfte sind mit festen Verpflichtungen verbunden und schränken darum die Beweglichkeit ein. (Aus diesem Grund weigert sich Dominikus, Pfarreien zu übernehmen.) – Wenn ein päpstliches Empfehlungsschreiben von der „abiectio voluntariae paupertatis" (die Niederung der freiwilligen Armut) der Predigerbrüder spricht und „abiecti" (die Niederen) der Fachausdruck für die sozial Schwächsten ist, dann bedeutet die von Dominikus gewählte Armut eine bewusste und *reale Solidarisierung* mit denen, die auf der Schattenseite der Gesellschaftsordnung leben. (Vgl. beispielsweise das Entsetzen der Edlen von Aquino über den Entschluss des Thomas, Predigerbruder zu werden.)
- Noch ein Element wäre anzuführen, das zwar in den Dokumenten nie explizit genannt wird, aber quasi eine Voraussetzung für das Gelingen des Ganzen ist. Mit Überzeugungskraft zu predigen vermag bloß eine ausgeprägte, reife *Persönlichkeit*, die ganz hinter dem steht, was sie vermittelt. Nur eine starke Persönlichkeit kann in der ständigen Überforderung durch die Evangelisation bestehen und die für die dominikanische Lebensform charakteristische Spannung aushalten. (Der Predigerbruder ist gleichzeitig ganz aktiv und ganz kontemplativ, stets Lernender und

stets Gebender zugleich, voll im apostolischen Einsatz und doch voll in der Gemeinschaft.)

Die Synthese bzw. die Spannungseinheit der genannten Elemente in ihrem Bezug auf die Evangelisation bilden den Wesenskern der Utopie des Dominikus. Für die konkrete Ausgestaltung schafft Dominikus einen organisatorischen Rahmen mit großem *Freiheitsraum*, der dem einzelnen erlaubt, sich einzubringen und seine Persönlichkeit zu entfalten, ihn aber auch ganz fordert.

Erinnert sei nur an das ausgewogene Verhältnis zwischen „autoritativer" Leitung und Mitbestimmung. Die Gehorsamsbindung an den Generalmagister garantiert Beweglichkeit und ermöglicht gezielte Einsätze (vgl. die Zerstreuung der Brüder durch Dominikus im Jahre 1217). Die Einrichtung der Kapitel als Gesetzgeber erlaubt es, auf die Erfordernisse der Zeit einzugehen (vgl. die ständige Revision der Konstitutionen durch die Generalkapitel).

Der von Dominikus entworfene konstitutionelle Rahmen ist konstruiert auf dem Fundament des *gegenseitigen Vertrauens* und der grundsätzlichen *Gleichheit aller*. Jeder kann seine persönlichen Gaben voll entfalten, sofern er die Pflichten der *Mitverantwortung* wahrnimmt.

DOMINIKUS ODER DIE GNADE DER VERKÜNDIGUNG

Guy Bedouelle OP

Im Leben aller großen Menschen – handle es sich um den Heiligen, den Helden oder den Künstler –, die sich manchmal gerade in der Art und Weise, wie sie ihr Leben in die Hand nehmen, gleichen, gibt es entscheidende Etappen, Wendepunkte, welche – im Falle eines Heiligen – ebenso Zeichen der Offenheit der Gnade gegenüber wie ihrer Umsetzung in die konkrete Tat sind.* Genauso verhält es sich mit dem heiligen Dominikus von Guzmán am Übergang vom 12. zum 13. Jahrhundert. Der Historiker, der über Dominikus' spirituelles Schicksal nachsinnt, kann nur staunen über das Ausmaß und die Erhabenheit des weiten Bogens, den die Biografie dieses Mannes von Caleruega nach Bologna spannt: vom winzigen, in Altkastilien gelegenen Dorf, wo er 1170 geboren wird, bis in die große italienische Universitätsstadt, wo er in einem – sich zweifelsohne noch in Konstruktion befindlichen – Konvent der Prediger stirbt, umgeben von seinen Brüdern, die in gewisser Weise die lebendigen Bausteine seines Werkes darstellen.

Der Historiker kann einige herausragende Momente identifizieren, Schlüsseldaten, die etwa Etappen oder Stufen einer spirituellen Erfahrung bedeuten, jedoch inkarniert in Tatsachen, Begegnungen, Gesichter, Projekte, Entscheidungen. Es kann natürlich nicht darum gehen, alle diese Momente aufzudecken, sondern die Begegnungen, bei denen Gott spricht, zu erhellen, oder vielmehr: sich von ihnen erhellen zu lassen.

---

* Es handelt sich bei diesem Artikel um den Text eines Vortrags, den G. Bedouelle am 25. Oktober 1981 in der Kathedrale Notre Dame in Paris gehalten hatte. Von daher versteht sich auch das stark entfaltete Motiv der Kathedrale [Anm. des Übers.].

Die Umwege einer Reise

Das erste „Ereignis“ ist in Wirklichkeit vielschichtig. Es ist das Ergebnis der Überraschungen einer Reise, welche in jedem Augenblick Entdeckung, Lehrerfahrung, Übergang zur Vertiefung und Reife bedeuten.

Wir stehen im Jahre 1203 und haben den jungen (gut 30-jährigen) kastilischen Kanoniker und Subprior des Kapitels von Osma vor uns. Er begleitet seinen Bischof auf eine lange, für die damalige Zeit sehr lange, Reise nach den „Marken“ Daziens, dem heutigen Skandinavien, in einer politischen Mission: Verhandlungen um eine Hochzeit zwischen zwei Königshäusern. Aber für das feurige Naturell des Dominikus wird es der Anlass sein zum Zusammenstoß zwischen seiner religiösen Sensibilität, die durch das zurückgezogene und freiwillig eingeschränkte Leben in der Klausur seiner Kathedrale noch verstärkt ist, und der Welt, von der er ohne Zweifel nicht realisierte, wie sehr sie noch die Kirche Christi ignorierte oder sich ihr gar ungestüm feindselig entgegenstellte.

Seit seiner Jugendzeit in Spanien war Dominikus dem Leiden immer wieder begegnet, beispielsweise in der während seiner Studienzeit in ganz Spanien grassierenden Hungersnot. Oder er begegnete dem Islam, der dem Kreuz entgegentrat, welches dann durch eine leidenschaftliche Rückeroberung wieder neu zu verankern gesucht wurde. Auf seiner Reise quer durch Europa wird er jedoch auf den verschiedenen Etappen die Macht der Häresie erfahren und dem gewaltigen Ausmaß an Paganismus begegnen, welcher immer noch riesige Gebiete dominiert.

Die verbissene Hartnäckigkeit der Häresie und ihre tiefe Ignoranz der evangelischen Wahrheit gegenüber nehmen für Dominikus eines Abends in Toulouse im Gegenüber eines gutmütigen Mannes Gestalt an, der ihn für die Nacht beherbergt. Dieser Gastwirt oder Bürger war ein Anhänger des Katharismus, den man als eine Perversion des Glaubens definieren könnte, oder – exakter – als eine neue Religion, welche die ganze Landschaft um Albi infizierte. Indem er die zweideutige Versuchung des Manichäismus aufgreift, der auf den Skandal des Bösen einfach, zu einfach dadurch antwortet, dass er es einem zweiten, einem bösen Gott zuschreibt, ist der Katharismus im Languedoc nichts anderes als eine sektiererische Religion, die, obschon verfolgt, dennoch die quasi offizielle Religion dieser Region darstellt. Sie verführt die kultivierten Köpfe der Fürsten ebenso wie die schlichten Gemüter – sei es mittels Terror oder Überzeugung – und prägt sie auf die Weise einer durch das Christentum gefärbten Gnosis, von welchem sie jedoch das Zentrum entfernt hat: das Kreuz Christi.

In einer leidenschaftlichen Diskussion, welche die ganze Nacht dauert, erklärt und argumentiert Dominikus und bedrängt seinen Gastgeber, bis er ihn schließlich für den katholischen Glauben zurückgewinnt. Ahnt der Subprior von Osma etwas davon, dass er in dieser Nacht seine Aufgabe in der Kirche gefunden hat? Denn in dieser Erfahrung entdeckt er gleichzeitig die tiefgreifende Verirrung, welche die ganze Christenheit anzustecken droht – und die schlagende Kraft einer im Vollsinn katholischen Glaubensverkündigung; die Unwissenheit eines betrogenen Mannes – und sein eigenes Charisma der intelligenten Überzeugung; das Ausmaß der Krankheit einerseits und die Arznei der evangelischen Gnade andererseits.

Einige Wochen oder Monate später (genauer lässt es sich nicht eruieren) befindet sich Dominikus an den Grenzen des zivilisierten Europa, das noch immer bedroht ist durch eine der letzten Wogen der Völkerwanderung, welche während Jahrhunderten über Europa hereinbrach und es formte; Dominikus muss sich Rechenschaft darüber geben, dass es ganze Völker gibt, die noch nie etwas von Christus gehört haben. Vielleicht begegnet er übrigens dort in Thüringen nicht nur den Opfern dieser gefürchteten Kumanen, welche wahrlich nicht das Monopol auf das Morden haben, derweil ja die zu einem ‚heiligen Kreuzzug‘ verbündeten lateinischen Katholiken das wunderbare Konstantinopel gnadenlos dezimieren und plündern.

Dominikus schließt in seinem tiefen Mitleid die Überfallenen wie die Angreifer gleichfalls in sein Herz ein, weil letzteren die Entschuldigung zukommt, die Lehre der Frohen Botschaft nicht zu kennen. Er ist zutiefst betroffen und aufgewühlt durch die Existenz dieser gewalttätigen und heidnischen Kumanen. Diese Begegnung legt die missionarische Berufung sowohl des Dominikus als auch jene seines Ordens fest. Im Orden kommt diesem Volksstamm, der auch heute noch weithin unbekannt ist, der Status zu, Symbol zu sein für die Verkündigung des Glaubens an den Enden der Erde und an den Rändern der Kirche – welche ohne Zweifel an der nächsten Straßenecke beginnen.

Dies ist der Wendepunkt der Reise von Dominikus; die Begegnung zwischen einem leidenschaftlichen religiösen Gemüt und dem Irrtum oder der Unwissenheit, die das Bild Christi, des Evangeliums und der Kirche verstellen oder geringachten. Dieser Zusammenstoß gibt somit eine spirituelle Bestimmung frei, die bereit ist, sich durch Selbsthingabe zu öffnen und zu entfalten.

Die Aussagekraft der Seligpreisungen

Die zweite Etappe ist jene der Reifung. Bei ihr geht es nicht mehr um Begegnungen oder Eindrücke, sondern um eine reife Entscheidung, die jedoch ebenso rasch gefällt, wie sie weitreichend an Konsequenzen ist. Man kann sie mit großer Genauigkeit auf den 15. August 1217 datieren; nach Toulouse, wohin Dominikus zurückgekehrt ist. Auf Geheiß von Papst Innozenz III. verschiebt er sein Herzensanliegen, die Missionierung der Kumanen, auf später, um sich nun ganz der Dringlichkeit der Predigt im Languedoc zu verschreiben. Hierfür sieht er die einzig mögliche Methode in einer mutigen, ja heroischen Relektüre der evangelischen Vorschriften; ohne

Halbherzigkeit und Winkelzüge gelesen und vorgelebt. Er glaubt an das Zeugnis eines Lebens in Armut, im Dienst an einem reflektierten und verantworteten Glauben und vor allem an die unüberbietbare Überzeugungskraft der Milde, der Freude und der Einfachheit. In einem Wort: eine überzeugendere Predigt als alle Reden und Abhandlungen, da sie ihre Sprache aus den Seligpreisungen bezieht und diese ins Leben übersetzt und vorlebt.

Dieses Programm evangelischen Lebens vermag etwa 15 junge Männer zu begeistern. Ein kleines, kirchlich anerkanntes Grüppchen, das durch das Studium, das Gebet und das Gemeinschaftsleben gut ausgebildet zu sein scheint; ganz nach dem Vorbild der gesamten monastischen Tradition, was auch schon für die ersten Dominikanerinnen oder „Predigerschwestern“ gilt, welche Dominikus vor den Brüdern gegründet hatte.

An Mariä Himmelfahrt 1217 jedoch gibt Dominikus seinen Brüdern bekannt, dass er sie zerstreuen werde. Die Überraschung ist perfekt. Die Entscheidung wird kommentiert, diskutiert, angefochten – selbst von Dominikus' engsten Freunden: von Fulco, dem Bischof von Toulouse, und Simon de Montfort, dem neuen politischen Machthaber der Region des Midi. Die Entscheidung ist unwiderruflich. Mit der Überzeugung und dem Mut eines Propheten versichert Dominikus: „Ich weiß, was ich tue. Das Korn, das am Haufen liegt, bringt keine Frucht. Im Gegenteil: es verfault.“ So kommt es, dass die ersten Predigerbrüder sich – nicht ohne Risiken und Misserfolge übrigens – in kleinen Gruppen zu dritt oder viert nach Paris, Bologna, Spanien, nach den verschiedenen Zentren der mittelalterlichen Christenheit zerstreuen.

Was wie eine leichtfertige Tat aussehen mag, ist in Wahrheit eine jener Entscheidungen eines ‚Strategen‘, eine jener Brüche mit dem, ‚was man immer schon so gemacht hat‘. Das also, wofür jedem Schöpfer ein Verdienst der Erfindung, der Neuerung zukommt; in unserem Fall der Verdienst eines dieser Wendepunkte in der Kirchengeschichte, welche vom

Mut des Evangeliums her bestimmt sind. Dominikus' Handeln verheißt, dass der Gnade der Verkündigung ihre wahre Dimension zugeführt wird, indem er diese Predigt in alle Himmelsrichtungen sät; indem er die Brüder, welche sie mit Eifer und Entsagung in sich tragen, überall dahin zerstreut, wo sie keimen kann. Und keimen kann sie überall.

Viele können eine Intuition haben. Einige haben den Mut zur Entscheidung. Aber nur sehr wenige schaffen es, ein Werk in Treue zur „Initialzündung" zu seiner stabilen Realisierung zu führen, währenddem ihm doch so viele Widerstände und Verzögerungen entgegenwirken.

Wo das Wort voller Leben ist

In seiner letzten Lebensetappe begegnet man Dominikus im eifrigen Predigtdienst gegen die Häresie. Noch immer ist es der Katharismus, nun aber in seiner italienischen Version. Diese vom Heiligen Stuhl in der Lombardei geführte Kampagne unterbricht Dominikus für einige Tage an Pfingsten 1221, um den Predigerorden zu organisieren: ‚seinen' Orden, der sich fortan bis an die Grenzen der damaligen Christenheit ausbreiten wird – und noch darüber hinaus, da er die Missionsaktivität gegen Osten nach Ungarn, nach Deutschland, vielleicht nach Griechenland und nach Norden intensiviert, bei gleichzeitiger Festigung der bestehenden Gründungen. Er verteilt die Brüder in Provinzen, so dass sich die bereits bestehenden 20 Konvente in fünf Provinzen gruppieren. Er kodifiziert ihre ersten Satzungen in Form eines vollständigen und komplexen Rechtskorpus'.

Nach der Empfindsamkeit jener Nacht in Toulouse und der Kühnheit des Kreuzes nun also die Zeit der Klugheit, der Konstruktion des Gebäudes, welches das Charisma der Verkündigung bergen sollte. Die Geschichte hat in den wenigsten Fällen die Namen der Erbauer der Kathedralen überliefert. Auch Dominikus scheint sich selbst ganz hinter seinem

Werk zurückzunehmen; ein Werk, das weder in bedeutenden Texten noch in spirituellen oder theologischen Abhandlungen besteht. So hinterließ er uns denn auch – per Zufall oder, wie ich glaube, aus Absicht – nichts Geschriebenes, außer drei kleinen belanglosen Briefen. Nein, sein Werk ist ein Orden, der sich ganz der Verkündigung des Evangeliums, der Verteidigung des Glaubens verschrieben hat – in der Gestalt eines apostolischen Lebens in Lobpreis, Studium und Dienst an der Kirche. Ein Ort des Widerhalls des belebten Wortes. Nachdem er die Arbeit beendet hat, stirbt er nur einige Monate später, Anfang August 1221. Seine letzte Anweisung gilt dem Anliegen, in der Kirche der Predigerbrüder in Bologna begraben zu werden: „Ich will nur unter den Füßen meiner Brüder begraben sein!" So ist Dominikus selbst, durch seine Treue zu Christus und seinen unermüdlichen Einsatz, der Gründer und – im strikten Sinn des Wortes – Grundlage, Fundament.

Auf dem von Nicola Pisano in der zweiten Hälfte des 13. Jahrhunderts geschaffenen Grabmal des Dominikus in der Predigerkirche zu Bologna ist der Heilige vom Bildhauer dargestellt, wie er mit den Schultern die Lateran-Basilika, die Bischofskirche Roms, stützt. Die Historiker sagen uns freilich, dass dies wohl eine Vision sei, die man Innozenz III. zuschreibt, dass es sich dabei jedoch keinesfalls um Dominikus, sondern einzig um Franziskus handle. Ich stimme dem zu. Doch ist hier an eine Schrift Bernanos' zu erinnern, der im Zusammenhang mit Dominikus die hagiographischen Wahrheiten evozierte, welche nicht auf der selben Ebene lägen wie die historische Exaktheit, die Objektivität, der Beweis. Manchmal jedoch seien sie vielsagender als die rohen Fakten. Er bewunderte ihre „paradiesische Unbefangenheit", die von einem wiederentdeckten Garten Eden her zu kommen schien...

Wie dem auch sei – das Symbol des die Kirche stützenden Dominikus ist schön. Dominikus ist ein Erbauer, ein Architekt. Erinnern wir uns daran, dass sich die Bauzeit von Notre-Dame in Paris, die 1163 begann, fast genau mit der Lebenszeit des Dominikus deckt. Diese Kathedrale ist eine ‚Zeitgenossin‘ des Heiligen; er hat sehen können, wie sie erbaut wurde, als er nach Paris kam, um seinen Brüdern im Hospiz Saint-Jacques zu predigen und sie zu ermuntern.

Sein eigenes Werk gehört zu den großen Unternehmen der Kirche des 13. Jahrhunderts, dem Jahrhundert der Synthesen: der theologischen mit dem hl. Thomas und dem hl. Bonaventura, der pontifikalen mit Innozenz III. und der monarchischen mit Ludwig dem Heiligen.

Auch Dominikus selbst wagt eine Synthese – mit Erfolg. Er schafft sie in solchem Glanz, dass sein Freund Franziskus von Assisi, der – auf ganz andere Weise – den Auftrag hatte, „die Kirche wieder aufzubauen“, sich ohne Zweifel darin auch wohl fühlen konnte.

Was ist eine Kathedrale? Ein Ort der Versammlung, des Schutzes, eine Architektur des kunstvoll berechneten Gleichgewichtes zwischen Masse und Raum. Mit den Fundamenten, den Säulen, einem Gewölbe, die dem Bauwerk zugleich Einheit und harmonische Entfaltung verleihen: Synthese von Strenge und Freiheit. Einheit und Freiheit: Ohne die Begriffe überdehnen zu wollen und so in die reine Allegorie hineinzugeraten, könnte man sagen, dass sie auch auf den Orden des hl. Dominikus zutreffen.

Frei unter dem Gesetz

Der Orden ist geschaffen als ein Gemeinschaftswerk, das die Brüder aus allen Himmelsrichtungen für die Predigt des Evangeliums vereint. Die von Dominikus ersonnenen Institutionen sind zuallererst unter das Zeichen der Einstimmigkeit gestellt als eine sensiblere Ausformung der von uns verkündeten Einheit der Kirche. Dominikus und seine Predigerbrüder versammeln sich in der Einheit des Glaubensbekenntnisses, in der Einmütigkeit des Eifers der Gründungszeit, in der Gleichförmigkeit der klösterlichen Lebensweise vor allem dank der motivierten Pflege der freiwilligen Armut. Und dieses geeinte Leben wird erworben aus der Praxis, ich möchte fast sagen: aus der Kohärenz des Ordensgehorsams, der, wie immer in der Kirche, nicht einer unpersönlichen Struktur, einem Büro oder einem Gremium, sondern einer lebenden Person geschuldet ist. Da diese menschlich ist, ist sie zwangsläufig auch fehlbar, gleichzeitig jedoch, eben weil sie menschlich ist, auch fähig zur Leidenschaft, zur Begeisterung, ja zum ‚Genie'. Diese Person ist Dominikus selbst, der sich zu Beginn eine persönliche Autorität über jeden Bruder vorbehält, bevor sie ihm in der Folge zuerkannt wird. Diese Autorität wird später an jeden seiner Nachfolger weitergegeben und in besonderer Weise an den, welchen Dominikus zweifelsohne seinem Herz und Verstand entsprechend selber ausgesucht hat: den Seligen Jordan von Sachsen.

Als Dominikus 1215 vom Laterankonzil zurückkommt, hat er die Aufgabe (einige sagen, er sei gezwungen), für seine Brüder eine Regel zu wählen, die sich in der Kirche bereits bewährt hatte. Ohne im geringsten zu zögern, entscheidet er sich für die Regel der regulierten Chorherren des hl. Augustinus, unter der er selbst schon so lange in Spanien gelebt hatte. Diese Regel, deren literargeschichtlichen Hintergründe reichlich komplex sind, ist unter den Anspruch der Einmütigkeit gestellt. Die berühmten Beschreibungen der Harmonie und Eintracht, welche die Apostelgeschichte dem Leben der ersten Christen attestiert, werden so zum Ideal der apostolischen Erneuerung des 13. Jahrhunderts.

Mehr noch. Nach dem Vierten Laterankonzil, welches im Begriff ist, die Kirche zu reformieren *(ecclesia semper reformanda)* und nach den Gesprächen mit dem großen Innozenz III., dessen Vertrauen er gewonnen hat, führt Dominikus seinen Orden in eine Ekklesiologie hinein, die fortan zunehmend Gewicht in der Christenheit erhalten sollte. Es ist die Vision einer um den Nachfolger Petri herum vereinten Kirche, in welcher sich der Bischof von Rom ein wenig gar zu gern ‚Hirte der gesamten Kirche' nennt. Der Orden der Predigerbrüder – wie übrigens auch, jedoch auf andere Weise, die

Gefährten des hl. Franziskus – tritt in die Einrichtung des päpstlichen Zentralismus ein, welcher allein fähig ist, so denkt man, der Christenheit ihre andauernd bedrohte Einheit zurückzugeben oder zu garantieren.

Als Mitarbeiter der Bischöfe, welchen im Vollsinn das Charisma, die Gnade der Verkündigung zukommt, erlangen die Predigerbrüder *de iure* und *de facto* den Status einer „exemten" Körperschaft und sind so Mitarbeiter des Episkopats, ohne jedoch direkt von diesem abhängig zu sein. Man denke nur schon an die Bedeutung der Wahl des Namens ‚Prediger', gleichsam aus dem Adjektiv zum Substantiv erhoben, als Bezeichnung für einen Orden, dem man in gewisser Weise die Substanz der Predigt anvertraut.

Wir befinden uns also im Jahrhundert der Kathedralen, wo die romanische Kirche wiederhergestellt ist, wo sie aufblüht, sich vergrößert, wo die architektonische Einheit sich im Raum ausbreitet, sich verästelt, sich verfeinert und schon die Üppigkeit des Flamboyantstils der folgenden Jahrhunderte erahnen lässt. Die Nüchternheit, ja Trockenheit der Augustinusregel musste bei den Predigerbrüdern ergänzt und verstärkt werden durch eine Gesetzgebung, von der wir wissen, dass die Prinzipien – und hier und dort auch das Detail – Dominikus entlehnt sind oder sogar direkt von ihm selbst herrühren. Diese Grundverfassung ist von einer so bemerkenswerten Präzision und von einer derartigen Komplexität, dass sie Léo Moulin[1] nach intensivem Studium der kirchlichen Institutionen „eine Kathedrale des Verfassungsrechts" nennt – was sich schön in unser Bild einfügt.

Können wir heute verstehen, dass gerade durch eben dieses Monument erst die Freiheit des Verkünders des Evangeliums zum Tragen kam? Dominikus hat bei seinen Predigerbrüdern nicht nur ein subtiles Kräftegleichgewicht erwirkt, beispielsweise zwischen den ernannten und den zahlreichen gewählten Organen – wodurch in der Kirche die gerade aufkeimende

---

[1] Léo Moulin, belgischer Verfassungsrechtler [Anm. des Übers.].

repräsentative Demokratie eingeführt wird (ihrerseits weniger weltlichen Ursprungs, als behauptet wird). Er hat auch die Art und Weise festgelegt, wie die einzelnen Bestimmungen – vorsichtig, aber real – den wechselnden Kontexten, den verschiedenen Bedürfnissen, welchen die Kirche allmählich begegnen wird, angepasst werden sollen. Selten sieht eine Institution derart wirkungsvoll die Weise der eigenen Selbsterneuerung vor. Dies hat dem Orden ermöglicht, manchmal freilich mehr schlecht als recht, all die Jahrhunderte, selbst die rausten, zu überdauern – bis in unsere Tage.

So findet sich die Freiheit der Prediger in der geforderten Beweglichkeit der Oberen, die Dispens von den (von Dominikus so gewollten) zahlreichen und strengen Observanzen des Gemeinschaftslebens zu erteilen; sei es, wenn der Verkündigungsdienst die Dispens erfordert, zum Studium zum Beispiel, für eine seelsorgliche Tätigkeit oder ganz einfach für einen Liebesdienst. Es war wohl diese „Dispens" das Quäntchen Genie, das Dominikus ermöglicht hat, aus seinem Orden eine Institution zu machen, die sich anpassen konnte an die jeweiligen Erfordernisse der Zeit, die ihm die nötige Flexibilität verlieh, ohne die Ernsthaftigkeit des Auftrages zu verraten. Voraussetzung hierfür ist jedoch – und nur um diesen Preis kann es gelingen –, dass diese Dispens wahrhaftig und selbstkritisch gelebt wird.

Strenge und Freiheit. Gleichgewicht und Spannung. Gleichgewicht in Spannung. Ist es wirklich möglich, dass die volle Einheit die Vorstellung der Fantasie nicht gängelt? Ja! Man betrachte das Kunstwerk, die Kathedrale und Dominikus: Genau hierin birgt sich sein Charme, welcher ihm von allen seinen Zeitgenossen attestiert wird, der die Strenge der Anforderung mit dem Lächeln der Barmherzigkeit eint.

Aber eine Kathedrale ist etwas anderes. Etwas, was ein Gebäude spüren, integrieren muss. Sie wissen es wohl. Es gibt in einer Kathedrale ein Licht, da sie zuerst ein Ort mit einer Seele ist: sie ist der Tempel, wo das Wort Gottes wohnt. Wahrhaftig wohnt dieses Wort in ihr, weil es in ihr gesungen, verkündet und gepredigt wird, sich vereint durch die Gemeinschaft der versammelten Gläubigen, der symphonischen Vorwegnahme des himmlischen Jerusalems.

Dominikus spürte dies. Er hat es selbst gelebt und für seine Brüder gewollt. Er war hineingetreten in die intimste Nähe zum Wort Gottes, welches so zu einem Licht wird für den Eintretenden selbst und auch für die anderen. Dominikus erforscht, meditiert, betet es, bittet seine Brüder, es mit Entschlossenheit in den gerade entstandenen Universitäten bald und oft zu studieren, es dann selbst zu lehren oder es in neuen theologischen Synthesen zu ordnen, welche als die ‚theologischen Summen' in der zweiten Hälfte des 13. Jahrhunderts erscheinen, gleichsam als wahre intellektuelle Kathedralen. In diesem Sinne ist der hl. Thomas von Aquin der direkte Nachfolger und ein wahrer Sohn des hl. Dominikus.

Eine Dominikanerkirche des 13. Jahrhunderts weist die Eigentümlichkeit von zwei parallelen Schiffen auf, wie sie beispielsweise in der prächtigen südfranzösischen Gotik der Jacobins in Toulouse zu sehen ist: das Schiff, wo die Brüder das Offizium singen, und das Schiff der Laien, wo man sie lehrt, wo man dasselbe Wort Gottes predigt, nun aber übersetzt, angepasst, vorbereitet durch den gläubigen Verstand, damit es zur Nahrung für die Welt wird. Und für all jene, die das Wort nicht bei ihnen suchen wollen, ziehen die Predigerbrüder, dem Beispiel des Dominikus folgend, wie die Apostel einst, von Platz zu Platz, von Stadt zu Stadt.

Dominikus zufolge muss die Predigt draußen dieselbe Qualität der Intensität bewahren und im Gebet gereift sein, welches der Welt mehr Dichte beschert als alles andere. In einem wunderbaren Text der ersten Konstitutionen schreibt Dominikus den Novizen, welche noch nicht im Verkündigungsdienst stehen, vor, sich vorzustellen, „wie eifrig sie bei gelegener Zeit in der Verkündigung sein müssen“ (Dist. I, 13).

Die Ausstrahlung eines Heiligen übersteigt offensichtlich sein eigenes Lebenswerk. Dominikus' Gnade strahlt weit über den von ihm gegründeten Orden hinaus, gerade weil er sich so bewusst in den Dienst der ganzen Kirche stellte: *in medio Ecclesiae*. Ich zitiere gern Lacordaire[2], der behauptete: „Es genügte, dass der hl. Dominikus nur ans Herz der Welt seiner Zeit klopfte, um eine Leidenschaft darin zu finden oder sie entstehen zu lassen.“ Wir können auch auf Dominikus anwenden, was Lacordaire in einem Brief an Madame Schwetchine von sich selber schrieb: „Ich wage zu behaupten, dass ich von Gott die Gnade erhalten habe, die Welt meiner Zeit, welche ich so sehr liebte, im Tiefsten zu verstehen.“

Dies ist vielleicht die Botschaft des Dominikus an unsere Zeit: Die Gnade der Verkündigung besteht darin, die Welt unserer Zeit wahrzunehmen, wie sie ist, selbst in ihren stummen Schreien, sie zu lieben, wie sie sein sollte – allem und uns selbst zum Trotz, da sie doch von Gott geliebt ist, der will, dass alle Menschen „zur Erkenntnis der Wahrheit“ gelangen, wie es in der Liturgie heißt.

Dominikus ist ein diskreter, ja gar verborgener Heiliger. Die vielen Versuche durch die Jahrhunderte hindurch, dieses bewusste Schweigen auszustopfen, verstehen sich von selbst. Seine Verleumder (bzw. seine Bewunderer, je nach Mode der Zeit) haben aus ihm den ersten Inquisitor gemacht, wie man ihn auf einem oft reproduzierten berühmten Gemälde von Pedro Berruguete im Prado sieht. Damit zieht man die Geburtsstunde der Inquisition um gute zehn Jahre vor und vergisst zudem, dass Dominikus sich beispielsweise angesichts des blutigen Albigenserfeldzugs zurückzog ins Gebet

---

2 Henri-Dominique Lacordaire OP war der eigentliche Neugründer des Ordens im Frankreich des 19. Jahrhunderts [Anm. des Übers.].

und sich der Wanderpredigt zuwandte – einsam. Zum ‚Ausgleich' haben ihm seine Verehrer die Erfindung des Rosenkranzes zugeschrieben und die Gründung des Dritten Ordens, der Dominikanischen Laiengemeinschaft. Dies liegt sicher auf der Linie seiner Gesinnung, beides sind jedoch Werke späterer Dominikaner.

Man könnte sagen, dass die Reinheit seiner Botschaft, wie die des Evangeliums, einen zurückschrecken lässt. Dominikus schärft seinen Brüdern ein, „mit Eifer und nach Kräften danach zu trachten, seinem Nächsten nützlich zu sein". Sicher tun wir gut daran, uns an der bewundernswerten Ausgewogenheit seines Lebenszeugnisses zu inspirieren: Einheit des Glaubenszeugnisses, Achtung der Freiheit, Eifer und Leidenschaft für das Heil der Welt. Aber wir müssen uns auch daran erinnern, dass der Vater der Predigerbrüder, der so oft predigte, selbst wenig sprach. Das Geheimnis der Predigtgnade steckt vielleicht in dem, was uns einer der Zeugen des Heiligsprechungsprozesses in Bologna überliefert hat und was uns wie eine Einladung tönt:

„*Hingegen sprach er immer von Gott oder mit Gott, und wenn sich Leute ihm auf dem Weg anschlossen, so unterhielt er sich auch mit ihnen über Gott.*"

Das ist der Weg, auf dem Christus zu uns gekommen ist und auf dem Dominikus uns vorangeht. Er ist immer offen.

Übersetzung aus dem Französischen:
Peter Spichtig OP, Freiburg i.Ue. – Oakland/USA

DER ORDEN DER PREDIGERBRÜDER IN DER WELT VON HEUTE

Yves Congar OP

Der Orden der Predigerbrüder bezieht seine Aktualität und seine Zukunft aus seiner Treue zu seiner Sendung, denn nur durch und für diese existiert er.* Seine Sendung ist der Dienst am Evangelium, den er besonders durch die Verkündigung, das Studium und durch die Verbreitung der Heilswahrheit erfüllt. Ähnlich wie das Presbyterium aufgrund der gemeinsamen Sendung und der Weihe um den Bischof herum eine Einheit bildet, zugleich aber auch infolge der Aufgaben, die es zu übernehmen gilt, verschiedenartig gefordert wird – in der Leitung einer Pfarrei, in der Betreuung von Schulen, Spitälern, Gefängnissen u. ä., in administrativen Diensten oder als Arbeiterpriester etc. –, verteilt sich der Dienst an der Wahrheit und an deren Verbreitung auf eine große Fülle von Tätigkeiten.

Die erste dieser Tätigkeiten, gewissermaßen die Königin dieser Armee von Diensten, ist die Predigt. Sei es in den Kathedralen, den Pfarreien und Kapellen, bei Wallfahrten, in Ordensgemeinschaften, in kleinen informellen Gruppen: die Verkündigung des Wortes Gottes ist die wichtigste aller Aufgaben. Sie ist für den Prediger auch ein Aufruf zu einem heiligen Leben. Katharina von Siena sagt, dass wir die Sendung des Wortes ausüben. Für einen Dominikaner ist das ein Moment der größten Erfüllung. Sicher gibt es dabei auch eine sehr menschliche Genugtuung, die ganz „irdisch-weltlich" gesehen werden kann: man befindet sich in der Position des

---

* Vincent de Couesnongle OP, ehemals Ordensmeister, ersuchte Yves Congar OP um diesen Artikel.

Chefs, manchmal eines Stars. Der Prediger, der sein Vorsteheramt bewusst als Dienst verstehen möchte, spricht darum aus der Haltung eines demütigen und intensiven Gebetes heraus: „Mein Herr, gib sie mir, damit ich sie dir geben kann!"

Die Pastoralkonstitution des Konzils über die Kirche in der heutigen Welt begann damit, die *Zeichen der Zeit* zu suchen. Dies drängt sich in der Welt von heute auch für den Orden des Heiligen Dominikus auf. Dabei kommt der öffentlichen Meinung und den sozialen Kommunikationsmitteln, die diese bestimmen – die Zeitschriften und Wochenzeitungen, das Radio und das Fernsehen – die Rolle zu, Zeichen der Zeit zu sein. Die Dominikaner sind in ihnen zu Hause, sie waren und sind darin aktiv. Sie haben eine Art Konnaturalität mit den Künstlern. Lacordaire hat unter diesen mehrere seiner ersten Gefährten rekrutiert.[1] Beim Tod des Thomas von Aquin hat die Fakultät der freien Künste (die nicht theologische Disziplin der Universität) von Paris dessen Körper beansprucht und begründete dies mit einer ganz speziellen Freundschaft und Beziehung zu Thomas.

Für viele sind die Dominikaner wesentlich Intellektuelle. Der Orden hat der Welt Thomas von Aquin gegeben, einen der einflussreichsten spekulativen Geister der ganzen Geschichte. Man müsste mich wirklich sehr auf die Folter spannen, um mir ein Wort gegen die Theologie, die Wissenschaft des Glaubens, abzupressen, und ich würde danach mein Wort so schnell wie möglich widerrufen. Thomas von Aquin ist ein unermesslicher Schatz. Das wissenschaftliche Studium der Philosophie und der Theologie, das bezüglich der wissenschaftlichen Dokumentation, der Reflexion und der Umsetzung strenge Anforderungen stellt, ist ein unverzichtbarer Teil der Sendung des Ordens. Wenn er darin untreu wäre, würde seine Gnade anderen gegeben werden. Man muss sich darum um so mehr einer möglichen Gefahr bewusst sein, der

---

[1] Henri-Dominique Lacordaire OP begründete den Orden im Frankreich des 19. Jahrhunderts wieder [Anm. des Hrsg.].

man oft erlegen ist: der Versuchung, das Ideal einer doktrinären Predigt und einer Dogmatik oder Moraltheologie hochzuhalten, dabei aber eigentlich nur Thesen von gestern zu wiederholen und unter Verwendung vieler Worte letztlich bloß gescheit tönende Abstraktionen aneinanderzureihen. Ich habe Mitbrüder gekannt, die sich rühmten, Artikel aus der *Summa* gepredigt zu haben. Das ist mir nur einmal während des Krieges passiert. Als ich über Liebe und Hass gegenüber den Feinden zu sprechen hatte, wollte ich mich nicht von den Leidenschaften des Augenblicks bestimmen lassen, sondern eine objektive Lehre weitergeben… Das Dogma an sich verändert sich nicht, aber seine Darlegung ist immer zeitgebunden und dessen Studium impliziert eine Modernität der Zugänge zu seiner Erschließung. In der Bibelwissenschaft verfügen wir heute aufgrund der Kenntnisse der Quellen und der Geschichte über ein Instrumentarium, welches ein Theologe studieren und einsetzen muss, will er keinen Fehler begehen. Die Geschichtlichkeit macht heute eine wichtige Dimension des Denkens aus: die Geschichte ist in der Suche nach und im Dienst an der Wahrheit eine sehr wichtige Verbündete geworden.

Unter den theologischen Aufgaben unserer Zeit ist der Dienst an der großen ökumenischen Herausforderung unzweifelhaft eine der bedeutendsten. Auch hier handelt es sich um ein Zeichen der Zeit. Die Ökumene ist keine Spezialität des Ordens: es setzen sich – Gott sei Dank – noch viele andere dafür ein, und nicht alle Dominikaner engagieren sich darin. Aber es ist eine Tatsache, welche unter den Freunden der anderen Kirchen anerkannt ist, dass die Dominikaner für diese Arbeit wie geschaffen sind. Sie bringen in diese eine gewisse Leidenschaft für die Wahrheit und für die Freiheit ein, die eine Gnade des Ordens zu sein scheint. Es ist die Wahrheit, hat Jesus gesagt, die frei macht. – Wie wir die Richtigkeit dieses Wortes erfahren!

Bin ich ein echter Dominikaner? Ich erkenne das Ideal meines Lebens in dem Wort von Madame Swetchine, einer

Freundin von Lacordaire, wieder: „Ich liebe die Wahrheit, wie man aus Liebe eine Person liebt.“ Darum habe ich die Geschichte geliebt und mich mit ihr beschäftigt.

Unsere Sendung ist der Dienst am Evangelium, unsere Lebensform das evangelische Leben, welches sich in einer Gemeinschaft organisiert. Das ist es, was der heilige Dominikus wollte. Hier zeigt sich ein neues Zeitzeichen. Ist unsere Epoche auch in verschiedenen Hinsichten beklagenswert, so ist sie doch eine der evangelischsten der Geschichte. Wie der Grundwasserspiegel an vielen Orten an die Erde emporquillt und dort die Vegetation zum Blühen bringt, kommt das Evangelium heute im Leben von Männern und Frauen an die Oberfläche und bringt christliches Engagement mit einer Großzügigkeit hervor, welches uns beschämt, uns, die sogenannten Spezialisten des evangelischen Lebens! Dieses Licht für das Leben und diese Beseelung der Existenz der Menschen, die beide ihre Ursache im Evangelium haben, scheinen vor allem in den Basisgemeinden am Werk zu sein, welche die Völker Lateinamerikas, die zugleich arm und christlich sind, bilden, um sich zu befreien und zu leben. Meine dominikanischen Mitbrüder sind dort aktiv und der Ordensmeister hat ihr Engagement aufmerksam verfolgt. Es ist nicht von ungefähr, dass Medellín[2], die Bischofssynode von 1971, Johannes Paul II. und Puebla[3] erklärt haben, die Befreiung sei ein Teil der Evangelisation. Seitdem ist der ganze Orden angefragt: worin liegen die Forderungen an ein evangelisches Leben? Jener, der diese Zeilen schreibt, fühlt sich dabei elend. Er bemüht sich lediglich, die Bequemlichkeit seines Lebens durch einen konkreten Dienst in den ihm vertrauten Gebieten abzugelten. Dienen ist ein gutes Kriterium für einen christlichen Gebrauch der Hilfsmittel, über die man verfügt.

---

[2] 2. Generalkonferenz des Lateinamerikanischen Episkopates in Medellín (Kolumbien), 1968 [Anm. des Hrsg.].

[3] 3. Generalkonferenz des Lateinamerikanischen Episkopates in Puebla (Mexiko), 1979 [Anm. des Hrsg.].

Der heilige Dominikus wollte ein liturgisches Gemeinschaftsleben. Wir sind keine Mönche; unser Dienst am Evangelium verlangt eine gewisse Nüchternheit in der liturgischen Entfaltung. Aber ein theologales und doxologisches Leben ist für unseren Auftrag wesentlich. Ein solches Leben wird mit einer noch größeren Dringlichkeit gefordert, wenn unsere Aufgaben uns noch mehr in die Welt einbinden. In der Tat wird das Risiko so größer, das Gefühl für das spezifisch Christliche zu verlieren; das erstaunt nicht. Man findet dieses indes im frohen Vollzug einer einfachen Liturgie wieder, wo uns das Wort Gottes in Überfülle angeboten wird. Die eigentlich theologische Arbeit ist gewiss nicht die letzte, die ein Leben des Gebetes und des liturgischen Vollzugs fordert. Es gibt nichts Fruchtbareres, als die Geheimnisse zu feiern, um auch nur ein wenig in deren Verständnis einzutreten.

Das Einfügen des Ordens der Predigerbrüder in das Innere der Kirche, in die heutige Welt, wird durch all das ausgemacht. Meine Ausführungen konnten natürlich nicht vollständig sein. Es geht hier nicht um eine Bilanz, sondern nur um ein Erinnern – und auch um ein Zeugnis.

Übersetzung aus dem Französischen:
Urban Federer OSB, Einsiedeln – Freiburg i.Ue.

HAT DER ORDEN DES HEILIGEN DOMINIKUS NOCH EINE CHANCE?

Marie-Dominique Chenu OP

In welchem Kontext steht bei der Entstehung des Ordens im 13. Jahrhundert das von Dominikus empfangene Gründungscharisma der Predigerbrüder?

Nur schwer können wir uns dem Bild entziehen, das uns die Lehrbücher über das Mittelalter vermitteln: eine lange Periode von sechs oder sieben Jahrhunderten, in denen sich fast nichts ereignet hat in einer flachen, unbeweglichen, einförmigen und mehr oder weniger finsteren Welt. Es ist nun so, dass in dieser langen Periode von sieben Jahrhunderten ein immer deutlicher wahrnehmbarer Bruch eintritt unter Wahrung der Kontinuität der Formen und Strukturen. Selbstverständlich bleiben wir im Rahmen der Christenheit, die erst in der Reformation und der Renaissance im 16. Jahrhundert in Frage gestellt werden wird; doch im Innern dieser Christenheit kommen neue Formen und Werte zum Vorschein, die sofort Widerstände in der Kirche hervorrufen, sowohl in ihren Strukturen als auch in der Wahrnehmung der Bevölkerung und ihrer Spiritualität.

Während vier Jahrhunderten hatten die Menschen im Abendland in den Strukturen und Formen des Feudalismus gelebt, dessen Herrschaft sich auf die Landwirtschaft und eine Ökonomie von einfachem Wesen stützte, gebunden an die Scholle, auf der die Menschen von einem Tag in den anderen lebten. Um sich gegen die ökonomische, soziale und politische Fragilität diese Systems zu schützen, vertrauten sich die Menschen einem anderen Menschen an, mit Leib und Gut, Arbeit und Frieden, Freiheit und in der Gestaltung des Lebens; bei ihm fanden sie Sicherheit und Schutz in allen politischen und materiellen Nöten; als Lehnsherr schuldete dieser wiederum seinen Untergebenen Schutz, Gerechtigkeit und Vertrauen. Die gegenseitige Treue war die Tugend *par excellence* der damaligen Menschheit und auch der Christenheit, da auf ihr das gesamte Beziehungsgebäude ruhte. Eine paternalistische Ordnung, in der die sozialen Beziehungen genauso wie die Kräfte der Natur die göttliche Ordnung repräsentieren und die so sakralisiert wird: der Eid ist das Sakrament dieses kollektiven Lebens. Seine höchste Ausdrucksform ist das Rittertum, dessen Tugenden wie Ehre und Loyalität in beeindruckender Weise das damalige Leben strukturiert und moralisch legitimiert haben, zuweilen mit Folge einer gewissen Ambiguität.

Im Laufe des 12. Jahrhunderts führt durch den technischen Fortschritt und die ökonomische Entwicklung die Überproduktion an Gütern zu einer Marktwirtschaft, in deren Folge durch den Warenverkehr die Menschen mobiler werden. Die Händler, bis dahin marginal und sozial geächtet, spielen in diesem Wandlungsprozess eine entscheidende Rolle; sie konstituieren eine neue Klasse, und die Zünfte gewinnen an Bedeutung, sowohl in den Reden der Prediger als auch in der Bilderwelt der Glasfenster und der Kapitelle der Kathedralen. Die Geldwirtschaft, erfunden, um dem Austausch zu dienen, stellt die Moraltheologen vor unvorhergesehene Probleme, und der Reichtum gerät in einen Gegensatz zum Evangelium. Die Bürger werden sich ihrer neuen Rolle wie auch ihrer Berufung zum Evangelium bewusst: Franz von Assisi, wie auch schon zuvor Petrus Waldes in Lyon, geht aus dieser sozialen Klasse hervor; die Wanderprediger, immer schon ein wenig suspekt, sollten die Propheten dieser neuen Gesellschaft sein.

Die Vergesellschaftung ist der gemeinsame Nenner aller dieser Vorgänge: Jeder ist eingebunden in ein Netz, in mehrere Wechselbeziehungen, die seine Verhaltensweisen und Urteile beeinflussen. Das Schicksal spielt sich nicht mehr allein in einem individualistischen Kontext ab, sondern jeder ist eingebunden in kollektive Wechselwirkungen. Es entsteht ein neuer Typ menschlicher Beziehungen, nicht nur in der Quantität, sondern auch in der Qualität. Sie sind nicht mehr vertikal strukturiert in einem schutzgebenden Paternalismus, noch sind sie im engeren Sinne interpersonal, sondern sie konstituieren sich durch und in einer Funktion, in wohl verteilten und miteinander verknüpften Rollen. In diesen Beziehungen, die den Nutzen und die Affektivität der Menschen untereinander verobjektivieren, entdeckt der Mensch, sozial zu sein, und dies in einem bis dahin ungeahnten Maße. Von daher die hervorragende Stellung der Soziologie beim heiligen Thomas, der diese von der aristotelischen Philosophie her entwickelt, beginnend mit seinem vollkommenen Kommentar des ersten Kapitels der *Politeia*. Eine neue Dimension des „Nächsten" im Evangelium.

Der geographische Ort, das neuralgische Zentrum für all diese Vorgänge sind die Städte, in denen die demographische Expansion und die Raumverteilung eine auch qualitative Transformation einleiten. Überall sind die Städte im Wachstum begriffen, indem sie die alte Kernstadt oder das alte feudale *castrum* durch schnell bevölkerte Vorstädte umgeben und so sich dem herrschaftlichen Zugriff entziehen. Osma, wo Dominikus den ersten Teil seines Lebens verbrachte, ist ein gutes Beispiel dieser Expansion einer kleinen Stadt. Paris ist zur Zeit der Ankunft der ersten dominikanischen Gruppe der Prototyp dieser Urbanisation, seinerzeit vorangetrieben durch Philipp August, der die neue Stadt mit Mauern umgibt und die Viertel neu einteilt. Die ersten Brüder finden ihren Ort an der Spitze dieser Expansion, am Tor von Saint-Jacques an einer großen Verkehrsstraße. Das Ganze spielt sich ab als eine friedliche oder auch erkämpfte Emanzipation von den herrschaftlichen Strukturen. Stadtluft macht frei, so ein damaliges Sprichwort.

Während die Mönche und zuletzt auch die Zisterzienser in ihrem Festhalten an ländlichen Wirtschaftsformen und ihren traditionellen Wohltaten dieser Evolution gegenüber fremd blieben, entstehen die neuen Orden und auch schon die

Bewegungen, die sie vorbereiten, in voller Solidarität mit dem Phänomen „Stadt“: Sie hängen engstens von ihm ab, mit Leib und Seele, zur Überraschung der Alten, die darüber verwundert sind, dass diese sich an einem solchen Ort so gut entwickeln. Der hervorragende Historiker und Mönch Matthäus von Paris (†1290) sollte in seiner *Chronik* nicht ohne Bewunderung sagen: „Die Welt dient ihnen als Zelle und der Ozean als Kreuzgang.“ (Bewundernswerter Vorschlag, der mein Gefallen findet, heute um so mehr, aber zitternd!) Ein wenig später wird Jean de Meung, der berühmte Autor des *Rosenromans* und nächster Nachbar des Konvents in der Rue Saint-Jacques, ein Bürger von hoher Kultur und begeistert von den neuen Erkenntnissen, aber wie so häufig sehr konservativ in seinen religiösen Anschauungen, in maliziöser Weise jenen Städtern, die mit den monastischen Einrichtungen gebrochen haben, in den Mund legen: „Ich werde ihnen auch sagen, daß ich das Land und die Wälder verlassen habe; ich überlasse es Johannes dem Täufer, sich in der Wüste aufzuhalten. Ich richte mein Palais inmitten der Marktflecken und Städte ein. Ich höre gleichwohl nicht auf zu wiederholen, daß ich außerhalb dieser Welt bin; doch tauche ich in sie, ich dringe in sie ein, ich bade und schwimme in ihr wie ein Fisch im Wasser“ (*Rosenroman*, 1170-1175). Jordan von Sachsen, der Nachfolger des heiligen Dominikus an der Spitze des Ordens, geht so weit, den Zisterziensern gegenüber, die zwar an sich gute Freunde sind, sich dennoch aber darüber empören, junge Brüder von Stadt zu Stadt laufen zu sehen, diese Kühnheit sogar als Anspruch zu verkünden: „Gewisse Mitglieder des Ordens von Cîteaux waren darüber erstaunt, daß Jordan derart kühn so junge Brüder zum Predigen lossandte, und spionierten ihnen nach, um sie bei Fehltritten in ihrer Lebensführung oder bei ihren Predigten zu ertappen. Eines Tages, nachdem Jordan es schon lange ertragen hatte, wurde er von heiligem Zorn ergriffen und sagte: ‚Was habt ihr meine Schüler zu überwachen, Pharisäersöhne? Ich weiß, ich weiß, und ich bin sicher, daß meine Jungen gehen und wieder zurückkommen, daß sie gesandt sind und wiederkehren; wohingegen die euren eingesperrt sind, und doch gehen'" (Chronik des Stephanus von Salanhac).

Kurz, ein neuer Mensch geht aus diesen Veränderungen hervor, geleitet von einer kühnen und zuweilen maßlosen Neugier, den Humanwissenschaften außerordentlich aufgeschlossen, die durch das gerade wiederentdeckte Geistesgut der griechischen Antike und der arabischen Zivilisation weiter tradiert worden ist, von der Grammatik bis zur Biologie, von der Mathematik bis zur Metaphysik. Innovationen, die alle Künste beeinflussen, darin eingeschlossen die Bildhauerei und die Erschaffung der gotischen Architektur. Bald wird man diese theoretischen und praktischen Entdeckungen in neue Methoden übersetzen. Thomas von Aquin wird auf denkerischem Niveau der Protagonist dieses Genies sein; sein Biograf Wilhelm von Tocco beschreibt in einem sehr bezeichnenden Text den Schock, den sein Unterricht in Saint-Jacques in Paris hervorgerufen hat: Ein langer Satz, in dem das Wort „neu" ausdrücklich achtmal wiederkehrt: Neuheit des Objekts, der Methode, des Gedankengangs, des Vokabulars etc.

In menschlicher Perspektive handelt es sich um einen neuen Nächsten in dieser Gesellschaft, in der sich die Beziehungen vervielfältigen und vernetzen, nicht nur zwischen den Individuen, sondern auch in den Mechanismen gemeinschaftlicher Aufgaben, von der täglichen Arbeit in der Berufswelt bis hin zur Lehrtätigkeit in den Schulen, wo die Liebe zwischen den Personen sich konkret an die Liebe zu allen Menschen bindet und einen Ausblick in die Zukunft einer Menschheit nach sich zieht, die sich in ständiger Veränderung befindet. Menschliche Perspektive und zugleich Perspektive des Evangeliums, denn es handelt sich hierbei um eine hervorragende Gelegenheit für eine evangeliumsgemäße Erneuerung. Das typische Wort der ersten christlichen Gemeinden gewinnt seine tiefe Bedeutung wieder: Die Menschen nennen sich Brüder über alle sozialen Unterschiede hinweg mit all dem utopischen Gewicht des Begriffs. Der Verantwortliche der dominikanischen Gruppe, die in Paris ankam, nannte sich gemäß der Sitte Abt; innerhalb von drei Monaten ließ er den Titel fallen und nannte sich *Bruder Prior*.

Bei einer solchen öffentlichen oder verborgenen Solidarität wird verständlich, warum die Brüder bei der neuen Generation so schnell Zustimmung finden. Zu Hunderten treten die Jungen in den Orden ein, und wie auch bei den Minderbrüdern können sie dort ihre Ideale verwirklichen. „Die beiden Orden" (Minderbrüder und Prediger), so teilen die *Annales de Normandie* mit, „wurden wegen der Neuheit ihrer Lebensweise vom Volk mit lebendiger Freude aufgenommen; und aufgrund dieser ungewöhnlichen Neuerung trat eine Vielzahl junger Menschen von großem Charakter und hoher Kultur ein, so daß in kurzer Zeit diese Orden die Erde erfüllten."

So entfaltet sich ihre Tätigkeit in drei Bereichen der neuen Gesellschaft. Zunächst finden die Zünfte in bezug auf die Arbeitswelt bei den „neuen Aposteln" (wie sie von Freunden und Feinden genannt werden) ein unvorhergesehenes Interesse, und ihre Prediger legen in sachgemäßen Ansprachen sowohl ihre Wertschätzung als auch ihre Ansprüche, die sie an die Berufstätigkeit als Ort der Heiligung im Dienste des Gemeinwohls erheben, an den Tag. Erstaunlicherweise haben diese der freiwilligen Armut geweihten Männer in ihrer Kasuistik einen klaren Durchblick hinsichtlich der Anfordernisse der wirtschaftlichen Betätigung, des Marktes und des Geldes. In den Kommunen, ihrerseits politische Ausdrucksformen der von der Feudalwelt Emanzipierten, sind die Minder- und die Predigerbrüder die unmittelbaren Ratgeber der Regierungen, verachtet von den Alten, die sie als eine soziale Pest, als Erschleicher von Kirchengut, als Anstifter von häretischen Volksbewegungen betrachteten. Sie nehmen in einem solchen Maße an deren politischen Bewusstsein teil, dass sie an der Abfassung ihrer Befreiungs- und Ordnungscharten mitwirken. In Bergamo, einer Stadt, die immer schon besonders innovativ war, ist *de facto* Guala, der Prior der Dominikaner, der Autor der Charta der Stadt gewesen. Daraufhin haben wir ihn in den Katalog der Seligen aufgenommen. „Fast alle Städte der Lombardei", so bezeugt es Bruder Stephanus beim Heiligsprechungsprozess des Dominikus, „legen ihre Chroniken und ihre zu konstituierenden Statuten in die Hände der Brüder, damit diese sie korrigieren, ihnen etwas zufügen, sie ändern, kürzen, je nachdem, wie sie es für notwendig halten."

Natürlich sind es vor allem die kulturellen Korporationen, die in diesem urbanen Aufschwung zum natürlichen Milieu der neuen Orden werden. Sie fassen Fuß in den Universitäten, einer prosperierenden Neuschöpfung dieser Menschheit. Bald schon kommt es zu internen Rivalitäten; doch schließlich empfängt man sie als Teilhaber. Der Fall von Saint-Jacques in Paris ist bezeichnend: Gerade angekommen und noch unbekannt, ist es der Regens einer der universitären Kollegien, der ihnen eine Unterkunft besorgt; dann vermitteln die Bürger ihnen ihr „parloir", als sie auf das rechte Seineufer umziehen; schließlich arrondiert die Universität selbst ihr Terrain in der Nähe der neuen Stadtmauern: suggestive Geographien. Nach 50 Jahren unterhalten die Prediger auf dem aktuellen Territorium Frankreichs 80 städtische Schulen, die sie nicht nur mit Theologen, sondern auch mit Lehrern in den profanen Wissenschaften und Künsten ausstatten.

Man wird leicht einsehen, dass diese Veränderungen einen brutalen Schock in den Institutionen einer Kirche ausgelöst haben, die in ihren Apparaten, Sitten, Glaubensgewohnheiten feudal sakralisiert war und von daher unfähig, die evangelischen Werte dieser populären Bewegungen wahrzunehmen und zu unterscheiden. Die vertikale Abhängigkeit, die als Abbild der himmlischen und irdischen Kirche verstanden wurde, macht horizontalen Solidaritäten Platz gemäß dem freien Spiel der kollektiv gelebten Freiheiten. Der Lehnseid, nunmehr ohne Objekt, verliert an Bedeutung und wird zu einer ökonomisch und politisch vereidigten Solidarität. Die Unterhaltung von Pfründen wird kategorisch abgelehnt; dies ist der Sinn des

Begriffs, den die Orden offiziell tragen: Mendikanten (Bettelorden) – eine ökonomische Bezeichnung, die deren Ablehnung des etablierten Systems ausdrückt. Es wird auf jede Form paternalistischer Autoritätsausübung verzichtet; Autorität wird im Innern der Gemeinschaften ausgeübt, wo das alte Axiom des römischen Rechts wieder auflebt: „Das was alle angeht, muss von allen behandelt werden", *„Quod omnes tangit, ab omnibus tractari debet."* Vom monastischen Gemeinwesen, in dem die Tugend der Gottesfurcht die politische Macht sakralisierte und zugleich die Gott dargebrachte Verehrung animierte, ging man zur Ordnung der Bettelmönche über, wo die evangelische Entscheidung die brüderlichen Beziehungen bestimmt und bis in die Städte hinein neue politische Formen hervorbringt. Das Rittertum wird immer mehr zu einem wertvollen Dekor der Heldendichtungen; als zeitgleich zur dominikanischen Gründung der Ritterorden von Calatrava in Spanien die Tradition der alten Mystik weiterführen will, ist er ohne Einfluss auf die Welt und auf die Kirche, außer vielleicht im Kreuzzug gegen die Mauren (Prediger und Minderbrüder hingegen gründen Schulen in arabischer Sprache).

Das Denken jener Zeit gewinnt immer mehr an Rationalität, ein normaler und positiver Effekt dieser Transformationen. Technischer Fortschritt, Handel, ökonomische Organisationen lokaler und schließlich auch interregionaler Art, Verstädterung, politische Herrschaft und eine Justiz, die auf Gottesurteile verzichtet, alles soziale Elemente, die das öffentliche Leben desakralisieren und zur rationalen Analyse der fraglichen Objekte gemäß der ihnen eigenen Kausalität herausfordern. Durch einen merkwürdigen, aber nicht zufälligen Zusammenhang leistet die griechische „Vernunft" im Dienste dieser Autonomien einen nicht unwesentlichen Beitrag. Die intensive Rezeption der Werke des Aristoteles bringt ein perfektioniertes Instrumentarium hervor, sowohl was die Verstandestätigkeit als auch die Rückkopplung des Denkens an die Erfahrung angeht. Es ist absehbar, in welchem Maße der

Glaube in die Krise gerät. Die sogenannte averroïstische Krise wird deren Explosion sein, in die Thomas von Aquin verwickelt sein wird.

Diese Verhaltensweisen des Menschen werden ihren doktrinalen Ausdruck in der Anthropologie des Thomas von Aquin finden. Für ihn ist der Mensch kein reiner Geist, der sich zufällig in einem Körper inkarniert, um sich in einer Prüfung zu bewähren, die ihn zu einem engelsgleichen Leben führen wird, wie es die Mönche in der Schule Gregors des Großen erstrebten; er ist in einer radikalen physischen und sozialen Solidarität mit der Welt konzipiert gemäß des Schöpfungswerkes, in das er so sehr aktiv hineingenommen ist, dass nichts aus ihm hervorgehen kann, was nicht vorher in ihn hineingelegt worden ist. Der Mensch sieht seine innere Wirklichkeit nur, indem er sich der Welt der Objekte und der Menschen zuwendet und folglich in Kommunikation mit den Menschen in der Welt tritt: Er ist sich selbst nahe allein in einer humanisierten Welt.

Wenn dies die Realitäten im Menschen sind, haben die, die in der Vorsehung Gottes die Aufgabe haben, Verwalter und Schöpfer eben dieser irdischen Wirklichkeiten zu sein, dafür auch die Verantwortung zu übernehmen, jenseits aller klerikalen Separationen. Die Laien setzen sich in diesem expandierenden Universum an die Stelle der Kleriker, sowohl in der Literatur mit ihrer antiklerikalen Spitze (Jean de Meung, Ruteboeuf, die altfranzösischen Versdichter) als auch in den Zünften. Die Bruderschaften, bei denen die Prediger gute Kundschaft finden und aus denen die Dritten Orden hervorgehen werden, sind in den Grenzen dieser Christenheit die Protagonisten der Heiligung der Welt. Im Politischen wird der heilige Ludwig die Autonomie seines Amtes zurückfordern, was sein Enkel Philipp der Schöne mit Zustimmung des Nachfolgers des heiligen Thomas, Johannes von Paris, noch viel weiter treiben wird.

In diesem geographischen, demographischen und kulturellen Durcheinanderwürfeln des Alten entwickelt sich der Sinn für die Solidarität der Menschen untereinander und für die Universalität des Volkes Gottes, gegen die Abgeschlossenheit der feudalen Geographie. Die römischen Päpste ziehen daraus Vorteile, ohne auf die feudalen und imperialen Ansprüche zu verzichten, und zwar in Richtung einer weiteren Zentralisierung, die durch die Exemption der ihrerseits universalistisch denkenden Orden nicht ohne Schwierigkeiten die Katholizität moderner Zeiten vorbereitet.

Aufbruch im Geist des Evangeliums[1]: dies ist der adäquate Ausdruck, soziologisch, historisch und theologisch. Die Rückkehr zum Evangelium, zu seinem Wortlaut, zu seinen Paradoxien, zu seinen Seligpreisungen, zu seiner Freiheit, zu seinem Protest ist nicht das Resultat einer archäologischen Operation. Jenseits der Strukturen, der sozialen Konformismen, der vormals gültigen Arrangements, der kulturellen Praktiken, selbst der sakramentalisierten, ist es die direkte und aktuelle Lektüre der Texte *(sine glossa)* in ihrer prophetischen Kraft. Wie immer liegt in diesen Entwicklungen eine gewisse Mehrdeutigkeit, je nachdem auf welche Charismen man trifft, und den Institutionen gegenüber werden anfangs die Forderungen nicht immer klug vermittelt. Wie immer drückt sich der legitimste Messianismus in apokalyptischen und millenaristischen Träumereien aus, und die ersten Brüder, besonders bei den Minderbrüdern, gaben ihnen unter dem Einfluss des Joachim von Fiore nach. Ein gewisser mentaler und apostolischer Anarchismus bringt die Kirche in Gefahr; Innozenz III., darüber beunruhigt, wird in einem Offenbarungstraum Franziskus und Dominikus als Pfeiler die Lateranbasilika stützen sehen. Daher werden Dominikaner und Franziskaner in ihren Predigten das Evangelium nicht nur aufs neue lebendig werden lassen, sondern Meister eines sorgfältigen Studiums des Urtextes und eines möglichst wörtlichen Verständnisses sein. Die dem Dominikus eigene Bezeichnung in den ersten Texten ist *vir evangelicus*. Der Mythos der urchristlichen Gemeinde

[1] Im französischen Original: réveil évangélique [Anm. des Übers.].

in der Apostelgeschichte, typischer Zug allen evangelischen Wiederauflebens, nährt nicht nur die moralische Begeisterung, sondern strukturiert auch die alltägliche Architektur der Gemeinschaften.

Leben gemäß dem Evangelium bedeutet, dem in seiner Kraft erkannten und erfahrenen Wort Gottes den Primat einzuräumen in aller Schärfe seines Zeugnisses, das um so schlagender ist, je mehr das Wort Gottes sich wirklich inkarniert. Der kultische Aspekt, so wesentlich er auch bleiben wird (Thomas ist ein durch und durch sakramental denkender Theologe), tritt gegenüber der Verkündigung der Frohen Botschaft, des Paradox der Seligpreisungen, der Proklamation des Friedens und der vollkommenen Freude in seiner Bedeutung zurück.

Leben gemäß dem Evangelium bedeutet, über das Gesetz hinausgehen in der Freiheit des Geistes. Franziskus antwortet Innozenz auf die Frage, welche Regel er annehmen wolle: „Keine andere, Vater, als die des Evangeliums." Charakteristischer Zug der Gründung des Dominikus: Die Konstitutionen verpflichten nicht unter Sünde, anders als in der Disziplin der Benediktiner, was Verwirrung bei den Kanonisten stiftete und immer noch stiftet. In den Konstitutionen einer Laienbruderschaft, die kurz nach dem Tod des Dominikus in Bologna errichtet wurde, findet sich die Regel, dass niemand unter Sünde verpflichtet ist, da es Gott gefälliger sei, ihm aus freier Liebe zu dienen denn aus erzwungenen Diensten heraus. Dominikus legt derart großen Wert darauf, dass er sich bereit erklärt, mit dem Messer auf den Pergamenten der Bücher, in denen die Gewohnheiten der Konvente schriftlich fixiert waren, jegliche Anordnung zu entfernen, die eine moralische Schuldzuweisung enthält. Der heilige Thomas wird die Theologie zu dieser Haltung in seinem Traktat zum Neuen Gesetz erschaffen, wo er erklärt, dass unter der Herrschaft des die Herzen einwohnenden Heiligen Geistes der Mensch sich selbst zum Gesetz wird; die Gebote sind nur Hilfsmittel, so notwendig und gültig sie auch sind.

All dies wird ins Rollen gebracht, wird herausgefordert und erhellt durch den Schock, den diese neuartige Welt hervorruft, eine Welt, die so wahrgenommen wird, wie sie ist, und die als solche zum Evangelium provoziert. Der an die Menschen ergehende Aufruf des Evangeliums und nicht die Erinnerung an das Gesetz ist das Prinzip dieser Erneuerung, ganz anders als bei einer Reform, die auf einer Anwendung des Gesetzes beruht, wie es in den Reformversuchen der vorhergehenden 200 Jahre der Fall war. Nicht Adaptation, sondern Kommunion. Es geht um die *vita apostolica* im neuartigen Sinne des Wortes, gewichtig und in einer langen Tradition stehend, doch hier völlig beseelt vom missionarischen Geist der Apostel. Die Verkündigung der Frohen Botschaft führt überall zur Seelsorge an den lokalen Gemeinschaften der Gläubigen *(cura animarum)*; und sie geht auch über alle Grenzen hinaus: Dominikus träumt davon, zu den Kumanen zu gehen, einem Stamm, der gerade die Randbezirke der orientalischen Christenheit heimgesucht hatte; von Anfang an waren bei den Minderbrüdern wie den Predigern die Brüder zahlreich, die in die islamische Welt aufbrachen, wo sie nicht als Kreuzfahrer auftraten, sondern als Gründer von Schulen, die offen waren für die arabische Kultur und Sprache.

Der Prüfstein für all diese Vorgänge und Aufbrüche ist die Armut als radikalste Herausforderung des Evangeliums. Die Konditionen und Modalitäten führen zu nicht wenigen Problemen (vgl. besonders die Diskussionen bei den Minderbrüdern). Das Prinzip ist klar: Es handelt sich weniger um eine aszetische Disziplin als um eine vom Evangelium provozierte Entscheidung, gemäß dem Schlüsselwort des kommenden Reiches: „Die Armen hören das Wort Gottes." Ein messianisches Zeichen *par excellence*, für das die Kirchengeschichte sowohl in Licht- als auch in Schattenseiten ein beredtes Zeugnis ablegt. Es ist festzuhalten, dass die Probe aufs Exempel die tatsächliche Solidarität mit den Armen, Entrechteten und Marginalisierten darstellt, für die man in einem befreienden Messianismus keine Wohltaten fordert, sondern ein wohl strukturiertes Rechtsstatut. So verlangt es die Liebe.

•

HAT DER ORDEN NOCH EINE CHANCE? Ich habe meine Arbeit als Historiker beendet, auch wenn sich diese in einer nur summarischen Nennung historischer Daten erschöpft hat. Ich habe Fakten und Ereignisse zusammengetragen, ihre wahrnehmbaren Gründe, ihren Kontext, ihre vor allem in ihr Umfeld eingeschriebene Bedeutung. Mit Absicht war meine Darstellung tendenziös, indem ich bereits meine Terminologie auf eine transhistorische Bedeutung hin orientiert habe. Ich wiederhole meine Frage. Die *Chance des Ordens* erkenne, unterscheide und gründe ich auf der eingewurzelten, quasi biologischen Übereinstimmung der Ursprungssituation mit der heutigen Aktualität von Kirche und Welt. Von den ökonomischen Phänomenen bis zu den evangelischen Aufbrüchen, in den Bewegungen und in den in ihnen zu Tage tretenden Werten: Sozialisation, Urbanisierung, Gemeinschaftlichkeit, Brüderlichkeit.

Der Orden der Predigerbrüder ist radikal aus der Wahrnehmung, Einsicht, Analyse und der Liebe zu einer sich wandelnden Welt entstanden. Im Gegensatz zur Kirche als ganzer, zur Hierarchie und zum praktizierenden kleinen Volk erkennen die neuen religiösen Gruppen, Minder- und Predigerbrüder an der Spitze, dass die Welt, so wie sie ist, und nicht nur die etablierte Ordnung, eine Herausforderung zu einem Leben gemäß dem Evangelium darstellt. Man kann hierin ein *Zeichen der Zeit* erkennen, *gegenwärtiges* Kommen des Reiches, Präsenz des Geistes im Seufzen der Schöpfung. Dies alles geht nicht aus einem moralischen Reformismus hervor, nicht aus einer positiven Revision, einer Akkomodation der Regeln oder Strukturen, und auch nicht aus einer Heiligung der Tugenden: Es ist das Charisma einer lebendigen und prophetischen Wahrnehmung der im Gefolge der Veränderungen der Welt gewandelten Situation des Menschen.

Es gibt effektiv zwei Typen von Charismen: Der eine tritt gelegentlich auf, ist vorübergehend und bringt zuweilen außergewöhnliche Individuen hervor, ihr Charisma bleibt aber engstens an ihre Persönlichkeit gebunden. Der andere Typ geht über die Persönlichkeit des Einzelnen hinaus und ist eingeschrieben in den Lauf der Geschichte und der Welt und dem sich wandelnden Menschen. Sie sind, so eine neuere Bezeichnung, *institutionelle Charismen*, da sie sich an eine *Institution* binden wie die Seele an einen Körper, so dass die Seele ohne den Körper undenkbar ist. Dies ist ein Paradox, denn gemäß seiner eigenen Definition geht das Charisma aus einer Inspiration hervor, deren Gesetz die Spontaneität ist. Wie kann diese institutionalisiert werden? Aber ja, so ist es mit allen Formen der Liebe. Sie drängen dahin, selbst in ihren schwächsten Äußerungen, sich festzuschreiben, sich in einem Vertrag auszudrücken, nicht als Garantie gegen mögliche Treulosigkeiten, sondern als Anspruch der Liebe, der sich in einem Recht ausdrückt.

Dominikus war einer dieser Charismatiker dieses Jahrhunderts, das mehrere hervorgebracht hat, von denen die meisten allerdings fragil und ohne bleibende Bedeutung waren. Die Misserfolge der evangelischen Bewegung des 13. Jahrhunderts waren zahlreich und schmerzhaft. Der heilige Franziskus selbst, dessen Genie in mehreren Punkten den dominikanischen Weg in den Schatten stellt, wird Generationen von Brüdern hervorbringen, die sich über die Verwirklichung dieser Institutionalisierung ernsthaft zerstreiten, sowohl was die Lebensweise als auch die theoretische Reflexion darüber angeht. Dominikus und seine ersten Brüder waren instinktiv Meister darin, eine dem Evangelium gemäße *Institution* zu erschaffen. Die besten Spezialisten im Verfassungsrecht haben die hohe Qualität nicht nur der juristischen Formulierung, sondern auch des Geistes der ersten Konstitutionen, die am Anfang des Ordens stehen, anerkannt. Es wäre blauäugig, wenn man in all den gegenwärtigen Veränderungen diese natürliche Identität der dominikanischen Gründung aus den Augen verlieren würde.

Es ist hier nicht der Ort, die Wege und Mittel darzulegen, in denen sich das Charisma in der Spannung zwischen komfortabler Installation und unüberlegter Veränderungsbereitschaft institutionalisiert. Im folgenden drei Denkrichtungen für unsere Sicht der gegenwärtigen Situation:

- Das Wort Gottes, Rückgrat unseres dominikanischen Seins, artikuliert sich in einer Lebensweise. Von sich aus ist das Wort nicht an eine bestimmte Lebensweise gebunden, es ist auch nicht einem geweihten Stand vorbehalten; aber für uns ist dieses Wort Gottes derart in unser Sein verwoben, dass es unser ganzes Leben wie eine Architektur strukturiert, nicht nur, um einen statischen Zustand *(status)* zu erreichen, sondern um eine organische Verfassung zu ermöglichen. Also nicht allein eine Folge von improvisierten und informellen Zeugnissen, deren brennende Begeisterung ein fröhliches Durcheinander à la Franziskaner (Pardon!) hervorbringt, sondern ein geplantes und gemeinschaftliches Sich-artikulieren.
- Das Wort Gottes artikuliert sich in einer Theologie: „Theologie“, nicht als ein äußerlich erworbenes Gepäck, auch nicht ein spezialisiertes Wissen einiger Experten, sondern das Wort, das sich seiner Bedeutung aktiv und kritisch bewusst wird, das wie ein Gewebe meinen Geist durchdringt und einen Denkprozess hervorbringt, wie denn auch der Glaube auf der Suche nach Einsicht ist, fähig, die Werte und Zeichen der Zeit zu unterscheiden; kurz, die Sprache des Volkes Gottes heute.
- Schließlich das gemeinschaftliche Leben, in einer institutionellen Brüderlichkeit verfasst. „Brüderlichkeit“ ist, so sagten wir, die evangelische Realität, die an erster Stelle steht: Jedesmal wenn das Evangelium zu neuem Leben erwacht, gewinnt das Wort Bruder neue Kraft und neuen Sinn. Das Charisma des Ordens bringt eine Regierungsform hervor, in der die Brüderlichkeit aus der kollektiven

Verwirklichung des Evangeliums hervorgeht; dies geht bis hin zu einer apostolischen Politik in und durch die Erfahrung einer brüderlichen Gemeinschaft. Sie werden ahnen, wie anspruchsvoll dies ist. In diesen drei institutionell verfassten Elementen schafft die Vernunft Helle, Kraft und Kontrolle gegenüber einem Eifer, der ohne sie in Idealismus umschlagen würde.

Im Dekret über die Reform des Ordenslebens zielt das Zweite Vatikanische Konzil die Erneuerung dieser Institution durch eine doppelte Bewegung an: durch eine Rückkehr zur Ursprungsinspiration und einer Adaptation (welch viel zu kurzes Wort!) an die geänderten Umstände dieser Zeit. Eine banale Formel, die aber an Kraft gewinnt, sobald man wahrnimmt, dass in dem blassen lateinischen Wort *simul* eine kraftvolle Dialektik steckt, und es nicht eine Gegenüberstellung im Sinne einer archäologischen Restauration darstellt: die Präsenz in der Gegenwart geht aus der Vergegenwärtigung der Ursprungsinspiration hervor. Je mehr wir wir selbst sind, um so mehr werden wir Einsicht in die Welt haben, an der wir teil haben. Ist das nicht unser Ursprungscharisma?

Die Chance des Ordens liegt genau da, *wo die Kirche etwas riskieren muss*; in dieser so schnell und radikal in Veränderung begriffenen Welt *findet der Orden seine Existenzberechtigung*. Die Chance des Ordens ist die Aktualität der Kirche selbst. Wir sind hervorgegangen aus einer Begegnung und Auseinandersetzung von Kirche und Welt, einer Welt, die bereits modern war, was sowohl in der Praxis als auch viel mehr noch in der Reflexion eine Herausforderung war. Wir haben damals diese Herausforderung fröhlich angenommen, aus einer Bewegung unserer eigenen *Natur* heraus. Seien wir unser eigenen Natur treu.

Übersetzung aus dem Französischen:
Maximiliano I. Cappabianca OP, Düsseldorf – Paris

DOMINIKANISCHE SPIRITUALITÄT

Raphaela Gasser OP

Eigentlich habe der Dominikanerorden keine eigene Spiritualität, wurde uns gesagt, als wir junge Schwestern waren. Dies bedarf allerdings der Differenzierung. Gemeint war damit: der Orden hat keine eigene Gebetsschule, keine spezifischen spirituellen Übungen, keine besondere Anleitung zur Askese. Der Geist des Ordens lässt uns, Schwestern und Brüder, als „Freie unter der Gnade" (Augustinusregel) leben, keineswegs eingeengt in irgendein spirituelles Zwangskorsett.

Spiritualität von Predigern

Trotz dieser Feststellung gibt es eine dominikanische Spiritualität. Die Spiritualität des Predigerordens fließt aus dessen *Zielsetzung*, der *Verkündigung des Wortes Gottes*. Jedes Glied des Ordens ist berufen, das Evangelium sein ganzes Leben lang zu betrachten und zu studieren und durch Wort und Tat zu verkünden. Die Elemente, die ein solches Leben ermöglichen: Kontemplation, Studium, Gemeinschaftsleben und evangelische Armut, müssen in ihrer Spannung ausgehalten und zum Einklang gebracht werden. Da ist nicht Raum für Uniformität, sondern für einen lebendigen Prozess. Die Gemeinschaft als solche ist bereits Predigt, *Jesu Christi praedicatio*, wie das erste Kloster des Predigtwerkes von Dominikus hieß. Es war eine Gemeinschaft von Frauen, vom heiligen Dominikus gegründet, und es war zugleich Zentrum und Ausgangspunkt der Predigt des Dominikus und seiner Brüder.

Damit ist ein Zweites über die dominikanische Spiritualität gesagt. So sehr sie eine *Spiritualität von Predigern* ist, kann sie, auch in ihren Anfängen (wo Predigt im engen Sinn für

Frauen nicht oder nur in ganz seltenen Ausnahmen in Frage kam), nicht gedacht werden ohne wesentliche Durchdringung vom *schwesterlichen Element* seitens der Dominikanerinnen.

Lehre und Erfahrung

Zur Erklärung für diese Zusammenhänge berufe ich mich speziell auf die Anfänge des Predigerordens im deutschen Sprachbereich. Es geht um die für uns Heutige erstaunliche *Verbindung von Lehre und Erfahrung*, von Wissenschaft und Frömmigkeit, wie das im Phänomen der sogenannten Deutschen Mystik zum Ausdruck kam. Man darf nicht vergessen: „Spiritualität" wurde bekanntermaßen spätestens mit Beginn der Scholastik scharf getrennt von der (objektiven) Theologie. Sie wurde als (subjektive) Frömmigkeit den frommen Seelen, lies vor allem: Frauen, überlassen. Bis in die heutige Zeit tut dieser unheilvolle Schnitt der Theologie der christlichen Kirche nicht gut. Zu Beginn des Predigerordens, im 13. Jahrhundert, aber wurde es möglich, dass im Predigerorden in Deutschland gerade die Spiritualität von Frauen der Theologie der Männer Erfahrung und Tiefe vermittelte. Das kam so:

Die Dominikaner haben im 13. und 14. Jahrhundert in Deutschland Aufgaben übernommen, wie sie nie zuvor in diesem Ausmaß je einem Orden gestellt waren. Sie mussten die religiöse Betreuung und Bildung einer ganz neuartigen Schicht, gleichsam eines neuen religiösen Standes in die Hand nehmen, nämlich jener ungezählten Frauen, die im Zuge der unaufhaltsamen Bewegung vom Nordwesten Europas aus in großem Ernst ein religiöses Leben nach dem Evangelium führen wollten, nicht in den herkömmlichen Klöstern, sondern in apostolischer Tätigkeit an Armen und Unwissenden, gehalten und zu solchem Tun befähigt aus der Kontemplation des Wortes Gottes. Diese Frauen brachten ganz andere Voraussetzungen mit, als Ordenspriester es gewohnt waren. Die Beherrschung der lateinischen Theologensprache war nicht gegeben, nicht einmal jene monastische lateinische Bildung, wie sie die Frauen in den Benediktinerinnenklöstern pflegten. Andererseits aber waren jene Frauen in einem Maße aufgeschlossen, empfänglich und sensibel für religiöse Lehre und Weisung wie kaum je zuvor kirchliche Kreise im Mittelalter. Die Dominikaner haben bei den aus der Bewegung erwachsenen Schwesterngemeinschaften tiefes religiöses Leben vorgefunden, Empfänglichkeit für mystische Erlebnisse und den Drang nach mystischer Versenkung in die christliche Glaubenslehre.

Mystik und Reflexion

Wie in keinem anderen Land war in Deutschland unter den Frauen diese religiöse Bewegung im Gange, bevor die Bettelorden, unter anderem eben die Dominikaner, kamen. Die Frauen wollten nun aber Anschluss, Führung und Predigt durch die Brüder der neuen Orden, vor allem der Dominikaner, und zwar genau deshalb von ihnen, weil sie dort ihr Ideal des religiösen Lebens – ihre Spiritualität – wiederfanden. Auch nachdem sie von der Kirche zum Zusammenschluss in Klöster genötigt worden waren, haben die Frauen in den jungen Dominikanerinnengemeinschaften die Seelsorge der Brüder nicht eingleisig als Belehrung und Anweisung entgegengenommen. Vielmehr hat die religiöse Bewegung aus eigener Triebkraft den *Weg durch das mystische Erlebnis* auch *zum mystischen Denken* gesucht und beschritten. Denn es ist bezeugt, dass die Schwestern einander von ihrem inneren Leben mitteilten. Es ist aber ebenso bezeugt, dass sie die Unterweisungen und Predigten der Brüder weiter verarbeiteten.

Hier wird in einmaliger Weise deutlich, wie sehr Männer und Frauen, Theologen und tief religiöse Menschen, aufeinander angewiesen waren. An der Gestalt *Meister Eckharts* kann dies besonders eindrücklich aufgezeigt werden. Er (wie auch andere Dominikaner) nahm die religiöse, die mystische

Erfahrung der Schwestern auf, erkannte in ihren Berichten das Echte, das auch ihn bewegte, und goss es in eine Sprache, die ihm aus der wissenschaftlichen theologischen Arbeit zu Gebote stand. Nach den neuesten Forschungen scheint Eckhart darin eine seiner (und des Ordens) Aufgaben gesehen zu haben. Er korrigierte verkehrte Auffassungen und ungesunde Auswucherungen, die es auch gab. Indem er die Schwestern zum Mitdenken anleitete, führte er sie zum Begreifen intellektueller Zusammenhänge.

Berufung von Frauen und Männern

Mit diesen historischen Ausführungen ist ein äußerst wichtiger Ort dominikanischer Spiritualität ausgemacht, und das Befreiende daran scheint mir, dass wir nicht auf eine spezifisch weibliche dominikanische Spiritualität verweisen müssen. Dominikanische Spiritualität lebt seit der Stiftung des Ordens vom Zueinander der Begabungen von Mann und Frau in der einen gemeinsamen Berufung. Doch auch abgesehen vom Predigerorden ist das Sprechen von *weiblicher Spiritualität* einigermaßen problematisch. Natürlich gibt es viele Akzente in der Beziehung des Menschen zu seinem Gott, natürlich sind sie verschieden bei jedem einzelnen, nicht nur beim Mann einerseits und bei der Frau andererseits. Es gibt so viele Spiritualitäten wie Menschen, die ihrer Beziehung zu Gott Ausdruck verleihen. Der besondere Beitrag der Frau, so will es mir scheinen, ist eine unbefangenere Weise, von der eigenen Erfahrung her zur Erkenntnis Gottes zu gelangen. Und zwar bezieht diese Erfahrung Leib und Geist ein, Sinne und Intellekt, Weltliches und Göttliches. Wenn, wie es eben im 13. und 14. Jahrhundert möglich war, die Art der Männer, vor allem rational vorzugehen, mit der Art der Frauen, mehr von der Ebene einer ganzheitlichen Erfahrung aus dem Glauben zu leben, zusammenkommen, dann scheint mir das ideal zu sein. Damit rede ich selbstverständlich nicht einer oberflächlichen Rollenverteilung „Mann ratio, Frau Erfahrung" das Wort, ich spreche in keiner Weise der Frau die Fähigkeit zur spekulativen Theologie ab und dem Mann jene zur ganzheitlichen Erfahrung. Doch braucht es das gegenseitige aufeinander Hören und das gegenseitige voneinander Lernen, damit christliche Spiritualität in ihrer Fülle zum Ausdruck kommen kann. Die dominikanische Spiritualität lebt aus diesem Austausch, und sie verarmt, wenn sie ihn vergisst. Das geschah gewiss zu manchen Zeiten.

Austragen und Austauschen

Auf einen spezifisch weiblichen Akzent der Spiritualität und insbesondere der *Predigerspiritualität* sei noch hingewiesen. Uns als Frauen ist das Bild des „Schwangergehens mit dem Worte Gottes" lieb, ich meine die seit den Anfängen von der Kirche gelehrte Theologie der Geburt des Gotteswortes im Herzen der Gläubigen. Die Hörer und vor allem die Verkünder des Wortes müssen zuerst mit dem WORT schwanger gehen. Gottes Wort empfangen, austragen und gebären: das ist die Grundforderung für jeden Prediger, zumal für die Glieder jenes Ordens, die „uneingeschränkt einzig zur Verkündigung des Wortes Gottes bestellt sind" (Fundamentalkonstitution 3). Mir ist manchmal aufgefallen, dass (geistliche) Männer erstaunt und etwas verlegen aufhorchen, wenn eine von uns (geistlichen ledigen) Frauen unbefangen diesen Ausdruck verwendet, um anzudeuten, wie lange sie braucht, bis sie das rechte Wort für die Verkündigung findet. Es ist möglich, dass es sich hier nicht bloß um eine Ausdrucksweise handelt, sondern vielmehr um eine tief eingewurzelte Haltung im Umgang mit Gottes Wort, selbstverständlich nicht auf die Frau beschränkt, siehe als Beispiel Meister Eckharts Lehre von der Geburt des Wortes Gottes im Prediger.

Im gleichen Zusammenhang erwähne ich den Austausch des Glaubens unter Brüdern oder Schwestern in der Ordensgemeinschaft. Auch da habe ich mehr als einmal miterlebt, dass die Frauen sich leichter tun, den andern von ihrer Glaubenserfahrung mitzuteilen, spontan, jedoch nicht rasch und sicher, nicht gewählt und druckreif, sondern langsam um Worte ringend, wohingegen Männer eher ein angelerntes, jedenfalls fertig formuliertes Wort einbringen, etwas weiter entfernt von der eigenen, momentanen Glaubenserfahrung. Und ich denke, gerade das wäre es, was der Ordensmeister Damian Byrne in seinem Schreiben an alle Provinziale und Brüder im November 1988 anvisiert, wenn er vom Gemeinschaftsleben und Teilen des Glaubens spricht (2. Kap.).

Mit diesen Ausführungen sind wir längst in der Gegenwart, an Orten, wo dominikanische Spiritualität „geerdet" ist. Dazu gehört auch das folgende.

Zusammenarbeit in der Evangelisation

Heute wie vielleicht nie zuvor wird in unserem Orden erkannt, dass die gemeinsame Berufung von Brüdern und Schwestern zur Evangelisation auch oft einen gemeinsamen Einsatz erfordert. Die letzten Generalkapitel der Predigerbrüder werden nicht müde, in mehreren Empfehlungen die Brüder zur *Zusammenarbeit* mit den Schwestern zu animieren, und zwar *für gezielte Einsätze der Verkündigung*. Dahinter steht der ehrliche Wunsch der Brüder, auch zu sehen, wie es die Schwestern machen, und daraus zu lernen. Gleichzeitig ist es für die Schwestern Erleichterung und Freude, wenn sie mit Priestern der gleichen Spiritualität und der von der Wurzel her geschwisterlichen Verwandtschaft auf den verschiedenen Plätzen ihres Wirkens unter den Menschen arbeiten können. *Das* sind Orte, wo dominikanische Spiritualität lebt. Und wenn heute von den Brüdern oft erkannt wird, dass die Schwestern als Frauen besser unter den einfachen und ärmeren Leuten zu evangelisieren verstehen, weil sie an deren Lebensweise näher herankommen, dann sehe ich darin wieder eine Situation, die jener der Anfangszeit des Ordens ähnlich ist: Schwestern brauchen Brüder zu Animation und Klärung und Hilfe, Brüder finden bereits verwirklichte dominikanische Verkündigung vor. Beide leben von den Erfahrungen und Erkenntnissen der anderen. Lang nicht immer gelingen solche Experimente auf Anhieb, doch stärkt alle die „Erkenntnis, daß sie nur zusammen – Männer und Frauen – die ganze Person des Menschen erreichen können" (aus der Schlussansprache des Ordensmeisters Damian Byrne auf dem Generalkapitel in Rom 1983).

Dominikanische Spiritualität – gibt es das? Die Anfänge des Ordens ebenso wie die Erwartungen unserer heutigen Zeit zeigen tatsächlich, dass der Orden nur zu leben vermag aus der spirituellen Tiefe, die der aus Berufung empfangene Umgang mit dem WORT Gottes schenkt. Diese Tiefe umfasst Kontemplation ebenso wie Studium, und sie wird vornehmlich befruchtet durch die geschwisterliche Verbundenheit von Frauen und Männern im Orden.

DIE SPIRITUALITÄT DER DOMINIKANER

Simon Tugwell OP

1. Der Predigerorden

Der Dominikanerorden wurde offiziell 1216 von Dominikus Guzmán (ca. 1170 – 1221) gegründet, um „ein ‚Predigerorden' zu sein und genannt zu werden". „Predigerorden" ist auch der offizielle Name des Ordens. In einem wichtigen Anhang zur Verfassung von 1220 heißt es: „Unser Orden ist bekanntermaßen gegründet worden mit dem Zweck, zu predigen und Seelen zu retten, und unsere Anstrengungen sollten mit Begeisterung vor allem darauf gerichtet sein, den Seelen unserer Mitmenschen nützlich sein zu können." In der einen oder anderen Weise ist diese Erklärung bis zum heutigen Tag Bestandteil der Verfassung des Dominikanerordens geblieben. Eine Neubelebung der Predigt war in der Kirche des frühen 13. Jahrhunderts ein allgemeines Bedürfnis. Die Bischöfe als die offiziellen Diener des Wortes Gottes waren zu oft „stumme Hunde, die nicht bellen", wie sich Innozenz III. beschwerte. Das Vierte Laterankonzil erkannte, dass die Priester in der Tat oft durch andere Verpflichtungen vom Predigen abgehalten wurden, und verlangte, dass in jeder Diözese Hilfsprediger zu ihrer Unterstützung ernannt werden sollten. Vermutlich war dieses Dekret von einem Experiment beeinflusst, das im gleichen Jahr etwas früher in der Diözese Toulouse stattgefunden hatte, wo nämlich Bischof Fulko Dominikus und seine ersten Gefährten zu offiziellen Predigern ernannt hatte.

Dominikus selbst begann jedoch bereits in größeren Dimensionen zu denken. Er hatte die Vorstellung, dass seine Mitbrüder – unabhängig von den Diözesen – paarweise in die Welt hinausgingen, so wie Jesus seine Jünger ausgesandt hatte. Im Jahr 1216 bestätigte Honorius III., dass die Dominikaner als Predigerorden nicht auf eine Diözese begrenzt und für die Predigterlaubnis nicht von irgendeinem Bischof abhängig seien. Von jetzt an waren die Dominikaner nicht einfach nur Mönche, die zum Predigen zur Verfügung standen, sondern sie waren von Rechts wegen und mit ausdrücklicher Zielsetzung Prediger.

Dominikus hielt diese Aufgabe für so dringend, dass er, obwohl er anfangs nur wenige Mitbrüder hatte, die zudem zum überwiegenden Teil jung und eher ungebildet waren, diese voll Zuversicht zum Predigen aussandte, sie dabei mit seinen Gebeten begleitete und um Gottvertrauen bat. Mehr noch: Statt seine erste Niederlassung in Toulouse auszubauen, schickte er seine Brüder fort, damit sie predigten und selbst neue Niederlassungen gründeten.

a) Arme Prediger

Wenn man nach den damals maßgeblichen monastischen Normen urteilt, so war die Vorgehensweise des Dominikus tollkühn. Die Dominikaner wie auch die Franziskaner mussten sich jahrzehntelang gegen die Anschuldigung verteidigen, dass ihr Lebensstil „überaus gefährlich" sei. Es wurde als höchst unziemlich angesehen, dass Ordensmänner, insbesondere junge Ordensmänner, im Land umherzogen, anstatt in der disziplinierten Welt ihres Klosters zu leben. Die Dominikaner entgegneten, dass Jesus weder Benediktiner noch Karmeliter gewesen sei, sondern ein armer Prediger, und sie würden gern seinem Beispiel folgen. Wenn sie „Gyrovagen"[1] seien, gut und schön. Der hl. Paulus sei es auch gewesen. Und wenn ihr Leben, menschlich gesprochen, großen Risiken ausgesetzt sei, würden sie darauf vertrauen; dass Gott und die Mutter Gottes sie beschützten.

---

[1] *Gyrovagen* nennt die Benediktus-Regel die „schlechten" Mönche, die nicht an ein Kloster gebunden leben, sondern umher(gyro)-schweifen(vagen).

Der fünfte Ordensgeneral, Humbertus Romanus (ca. 1200 bis 1277), einer der entschiedensten Exponenten dominikanischen Lebens, vertrat die Überzeugung, dass für jemanden, der über die „Gnade zu predigen“ verfüge, die Predigt das Wichtigste sei, wichtiger als alle anderen spirituellen Praktiken wie Gebet und das Feiern der Sakramente. Ein solcher Mensch würde falsch handeln, wenn er nicht predigen und lieber ein ruhiges Leben im Kloster führen wolle. Sogar wenn der Prediger zu Hause sei und sich von seinen Predigtreisen erhole, solle er sich darauf vorbereiten, seine Aufgabe wiederaufzunehmen.

Der englische Dominikanerprovinzial Robert Kilwardby drückt in einem um 1270 verfassten Brief, in dem er seine Novizen zum Durchhalten ermutigt, das von Stolz geprägte Selbstverständnis seines Ordens aus:

Ihr solltet euch die Nützlichkeit unserer Lebensweise vor Augen halten, meine geliebten Novizen. Was die Nützlichkeit betrifft, so sollte nach objektiver Einschätzung unsere Lebensweise, wenn ich mich nicht irre, allen anderen vorgezogen werden. Denn alle unsere Kapitel und Diskussionen und Debatten und die gesamten Studien des Ordens zielen auf nichts anderes hin als darauf, Menschen vorzubereiten und sie zu befähigen, Seelen zu retten. Und wenn sie vorbereitet und mit ihrer Lebensweise vertraut und mit Wissen ausgestattet sind, werden sie in ihre Aufgabe eingeführt, Sünder zu bekehren. Ich glaube, dass kein anderer Orden so hart für dieses Anliegen arbeitet wie unserer oder so viel durch seine Arbeit erreicht. Deshalb sollten diejenigen, die solch eine Berufung verspüren, sich mit Recht freuen, denn es ist ja bekannt, dass beim Jüngsten Gericht die Belohnung danach bemessen wird, was die Menschen durch ihre geleistete nützliche Arbeit verdienen.[2]

Kilwardby war sich zweifellos dessen bewusst, dass nach traditioneller Lehre der Lohn (der ewigen Seligkeit) von der

---

2 *S. Tugwell*, Early Dominicans, New York 1982, 150.

eingegossenen Gnade der Liebe abhängt, aber diese Liebe gewinnt Gestalt in eben dem Anliegen, für andere nützlich sein zu wollen. Predigen selbst ist ein Tun, das durch Liebe motiviert wird. Dominikus sehnte sich danach, sich ganz für das Heil der anderen hinzugeben, weil er glaubte, dass er nur so ein Glied des Leibes Christi sei. Einige seiner Anhänger hatten Gewissensbisse, wenn sie ihr Abendessen einnahmen und an diesem Tag nicht wenigstens vor einem Menschen gepredigt hatten. Ein Leben, das ganz dem Predigen verschrieben war, galt auf seine Art als ebenso hervorragend wie das Martyrium oder das Leben in Jungfräulichkeit.

b) Gebildete Prediger

Im 13. Jahrhundert wurde recht genau zwischen lehrmäßiger Predigt, die den Priestern vorbehalten war, und erbaulichen Worten unterschieden. Die Dominikaner befassten sich mit ersterem. Das bedeutete, dass sie geistig auf diese Aufgabe vorbereitet werden mussten. Das Laterankonzil erkannte darin ebenfalls ein Hauptanliegen für die Kirche und verlangte die Gründung von theologischen Schulen in den Diözesen. Dominikus hatte einmal mehr das Konzil vorweggenommen. Sobald seine erste Gemeinschaft 1215 in Toulouse entstanden war, besuchte er mit seinen Mitbrüdern den Unterricht, den dort ein englischer Theologe, Alexander Stavensby, erteilte. Dominikus erwirkte vom Papst sogar eine Bulle, nach der Magistri der Theologie aus Paris in Toulouse dozieren sollten. Allerdings machte Dominikus von dieser Bulle nie Gebrauch. Statt dessen schickte er 1217 einige seiner Mitbrüder zum Studium an die Pariser Universität. In Bologna, wo sich die Brüder 1218 niederließen, gab es keine theologische Fakultät, aber die Dominikaner studierten jeden Tag gemeinsam unter der Anleitung eines Bruders aus ihrer Mitte.

Das Studium war von Anfang an ein wesentlicher Bestandteil dominikanischen Lebens. Jedes Haus sollte in der Kommunität einen Theologiedozenten haben; viele Dominikanerklöster wurden Zentren für theologische Studien. Im Jahre 1221 unterstützte der Bischof von Metz die Gründung einer Niederlassung in seiner Diözese, damit auch seine Geistlichen die theologische Unterweisung der Brüder nutzen könnten.

Die ersten Gefährten des Dominikus allerdings zeichneten sich mehr durch Eifer als durch intellektuelle Fähigkeiten aus, aber bald begannen sich auch gebildetere Männer für den Orden zu interessieren. Dominikus' Nachfolger, Jordan von Sachsen (gest. 1237), hielt die Universitäten für die wichtigste Rekrutierungsstätte des Ordensnachwuchses. Er war so erfolgreich im Anwerben von Studenten, dass er als „Hure der Schulen" galt. Es scheint einige Spannungen gegeben zu haben zwischen denen, die mehr an Frömmigkeit als an Studien interessiert waren, und denen, die das Studium für das Wichtigste in der Ordenstätigkeit hielten. Aber es gibt keinen Zweifel, auf welcher Seite die Ordensoberen standen. In einem Rundschreiben aus dem Jahr 1233 mahnt Jordan an, dass sogar das Leben der Menschen durch fehlende Studierbereitschaft der Brüder in Gefahr sei. Humbertus Romanus spricht missbilligend von einem Bruder, der „dumm" wurde „durch übertriebene Frömmigkeit".

Seit der Mitte des 13. Jahrhunderts entwickelte der Orden ein sehr umfassendes Erziehungsprogramm mit komplizierten akademischen Strukturen, auch wenn nicht immer genug qualifizierte Lehrer zur Verfügung standen. Aus dem Orden gingen einige der bedeutendsten Theologen der Epoche hervor, wie z. B. Albertus Magnus (ca. 1200 – 1280) und Thomas von Aquin (ca. 1225 – 1274).

Als der Orden in immer engere Beziehung zu den Universitäten trat, führte dies unvermeidlich zu einer intellektuelleren Art der Verkündigung. Eines der theologischen Anliegen der Zeit war die ernsthafte Auseinandersetzung mit der aristotelischen Lehre, die als eine große Bedrohung für die Orthodoxie angesehen wurde. Besonders Thomas und Albertus trugen zur Erhellung der eigentlichen Lehre des Aristoteles[3] bei und zeigten, wie diese der orthodoxen Theologie neue Impulse geben konnte. Später trat im Zusammenhang mit dem neuen Humanismus der italienischen Renaissance ein ähnliches Problem auf, und wieder waren Dominikaner an herausragender Stelle involviert. Selbst diejenigen, die unverhohlen viele seiner Aspekte ablehnten wie Johannes Dominici (ca. 1355 – 1419) und Savonarola (1452 – 1498), standen unter dem Einfluss des Humanismus.

Albertus und Thomas traten für eine radikal intellektuelle Betrachtung des christlichen Lebens ein. Danach vollzieht sich die Verbindung mit Gott über den Intellekt, und der kontemplative Aufstieg zu Gott ist ein intellektueller Prozess, auch wenn er durch Liebe motiviert werden und eine affektive Komponente haben muss. Gegenüber der vorherrschenden nicht-intellektuellen, sogar anti-intellektuellen Vorstellung vom „kontemplativen Leben" benutzt Thomas diesen Ausdruck zur Bezeichnung eines Lebens, in dem spekulative Interessen vorherrschen. In diesem Sinn – so meint er realistisch – lieben kontemplativ lebende Menschen Gott weniger als diejenigen, die ein aktives Leben führen, obwohl sie von Gott mehr geliebt werden; denn ihr Leben ist dem himmlischen Leben ähnlicher.

c) Apostolische Prediger

Obwohl das intellektuelle Element in Form des Predigens wichtig war, wurde am Anfang auch auf die Nachahmung der Lebensführung der Apostel großer Wert gelegt. Der Prediger-

---

[3] Zur Zeit der Kirchenväter galt Aristoteles als ein „Ur-Häretiker" (weil vom Häretiker Arius in seiner logischen Genauigkeit „benutzt"). Das Bekanntwerden der Schriften des Aristoteles im Mittelalter brachte eine Krise mit sich, deren Überwindung und die damit verbundene Integration des logischen Denkens des Aristoteles die typische Scholastik konstituierte [Anm. von Josef Sudbrack].

orden entstand aus einer Predigtkampagne gegen die Ketzer in Südfrankreich, in der Dominikus und sein Bischof Diego 1206 engagiert waren. Diego erkannte, dass die Ketzer, seien es Albigenser oder Waldenser, vor allem deshalb Anhänger fanden, weil sie allem Anschein nach ihren Lebensstil viel stärker am Evangelium orientierten als der katholische Klerus. Deshalb schlug Diego vor, dass die katholischen Missionare ebenfalls „in allem die Lebensweise der Apostel nachahmen“ sollten.[4] So entwickelten er und Dominikus eine Form der apostolischen Wanderpredigt, die in der Kirche zuvor mit großem Misstrauen betrachtet worden war.

Diese Erfahrung hat bei Dominikus eine bleibende Liebe zur Armut bewirkt, die fast so extrem war wie bei Franziskus von Assisi. Seine erste Gemeinschaft in Toulouse verfügte über ein bestimmtes Einkommen, aber die Brüder sollten kein Geld oder irgendwelche Vorräte mit auf ihre Reisen nehmen. 1220 überzeugte er den Orden, noch weiter zu gehen und auf das gesamte Eigentum zu verzichten außer auf die Gebäude, in denen die Brüder lebten. Der gesamte Orden hatte sich danach ausschließlich durch Betteln zu finanzieren.

Dominikus selbst wollte, dass die Armut der Brüder in der Einfachheit ihrer Gebäude und ihrer Kleidung zum Ausdruck käme, aber es ist nicht sicher, ob die Mitbrüder in dieser Frage genauso dachten. Es galt als selbstverständlich, dass es innerhalb der Gemeinschaft kein Privateigentum für die Brüder gab; das wesentliche Merkmal der dominikanischen Armut aber war der Verzicht auf feste Einkünfte. Im Gegensatz zu allen anderen religiösen Gemeinschaften, auch der der Franziskaner, versuchten die Dominikaner niemals, ihren Lebensunterhalt durch bezahlte Arbeit zu verdienen oder sich durch irgendeine Form körperlicher Arbeit selbst zu versorgen. Die Dominikaner waren von Anfang an ein Bettelorden.

Im Laufe der Jahre wandelte sich allerdings die Form der Armut. So stellte man als erstes fest, dass das tägliche Betteln

---

[4] *S. Tugwell*, Early Dominicans, a.a.O. 87.

für den Lebensunterhalt zu viel Zeit in Anspruch nahm. Deshalb beschloss das Generalkapitel im Jahre 1240, dass Vorräte für ein Jahr im Haus aufbewahrt werden durften. Als es sich dann als immer schwieriger erwies, den Orden durch Betteln zu finanzieren, wurde es ab dem frühen 14. Jahrhundert üblich, dass einige Häuser Schenkungen erhielten, die ein sichereres Einkommen darstellten, oder sogar Ländereien, die Geld einbrachten. Diese Praxis wurde von den Rechtsgelehrten und Theologen des Ordens als realistische Anpassung gerechtfertigt. Sie argumentierten, dass die Ordensoberen das Recht hätten, jede Art von Dispens zu erteilen, einschließlich der Dispens, mit Betteln den Lebensunterhalt verdienen zu müssen. Schließlich gab der Papst 1475 der Forderung des Generalkapitels statt und erlaubte dem Orden, Besitz zu haben. Die Begründung lautete, dass das Betteln die Arbeit des Ordens in unzumutbarer Weise beeinträchtigen würde.

Die Armut war anfangs aus apostolischen Gründen gewählt worden; möglicherweise haben auch viele andere, eher ideologisch ausgerichtete Motive eine Rolle gespielt. Bereits in der Mitte des 13. Jahrhunderts deuteten Autoren wie Thomas von Aquin und Kilwardby die dominikanische Armut fast vollständig unter dem Gesichtspunkt der Zweckmäßigkeit. Deshalb überrascht es nicht, dass der Orden schließlich beschloss, das Betteln zugunsten des Studierens und Predigens aufzugeben.

Das Bettelwesen selbst bewirkte eine Änderung des traditionellen Prinzips der Gütergemeinschaft. Es lag in der Natur der Sache, dass einige Schenkungen jeweils einzelnen Brüdern gemacht wurden. Üblicherweise kümmerten sich dann diejenigen Brüder, die aufgrund dieser ihrer persönlichen Kontakte dazu in der Lage waren, beispielsweise selbständig um ihre eigene Kleidung. Das führte zu großer Ungleichheit in der Versorgung der Brüder, und am Ende des 13. Jahrhunderts finden wir Hinweise auf „arme" Mitbrüder, womit jene ohne persönlichen Wohltäter gemeint waren. Darüber hinaus erkannte man bald, dass Gelehrte ihre eigenen Bücher brauchen und dass es deshalb recht nützlich sei, wenn sie Geldmittel zur Anschaffung von Büchern zur Verfügung hätten. In der Mitte des 14. Jahrhunderts gab es *de facto* umfangreichen Privatbesitz im Orden, auch wenn *de iure* alles der Gemeinschaft gehörte. Bereits Thomas wies darauf hin, dass sich um Dinge, die allen gehören, keiner kümmern würde. Dieses Argument wurde später von Raphael von Pornassio (gest. 1467) aufgegriffen, um das Prinzip der Gütergemeinschaft, das zu seiner Zeit vernachlässigt wurde, zu verteidigen.

d) Gehorsame Prediger

Im Jahr 1215 begann der Orden als Institution, als sich nämlich zwei Toulouser Bürger Dominikus „übergaben". Vorher hatte sich niemand durch ein Gehorsamsgelübde an ihn gebunden, obwohl er viele Predigtgefährten gehabt hatte. Als der Orden vom Papst anerkannt wurde, blieb das Gehorsamsversprechen gegenüber Dominikus die Grundlage. Bis zum heutigen Tag enthält die dominikanische Gelübdeformel nur das Gehorsamsversprechen. Die Dominikaner übernahmen niemals einen formalen Gelübde-Ritus, wie ihn die anderen Ordensleute und Kanoniker kennen. Die Betonung liegt auf dem personalen Element der Unterordnung des neuen Mitbruders unter den „Ordensmeister".

Im Gegensatz zu den Mitgliedern der traditionellen Orden unterstellten sich die Dominikaner in erster Linie nicht der Ordnung eines religiösen Hauses, sondern dem „Ordensmeister". Die Ordensregeln waren selbstverständlich wichtig, und Dominikus erwartete und forderte ein hohes Maß an Gehorsam. Aber man hielt sie weder für das wesentliche Element dominikanischen Lebens noch für ein Mittel, um die Schwachheit und Verderbtheit des menschlichen Charakters im Zaum zu halten. Prediger, die viel Zeit außerhalb der Klostermauern verbringen mussten, waren für sich selbst verantwortlich. Den Dominikanern waren somit persönliche

Verantwortung und vor allem Großzügigkeit wichtiger als die traditionellen Vorsichtsmaßregeln.

Dominikus hatte sein religiöses Leben als reformierter Kanoniker in Osma begonnen. Da sein neuer Orden gemäß einem Beschluss des Laterankonzils eine der vorhandenen Regeln übernehmen musste, überrascht es nicht, dass er und seine Gefährten die *Regel des hl. Augustinus* wählten, die Regel der Kanoniker. Sie übernahmen ebenfalls einige der strengeren Bräuche der reformierten Kanoniker, die sich auf die Konstitutionen der Prämonstratenser stützten. In gewisser Weise betrachteten sie sich als den reformierten Kanonikern verwandt. Aber sie übernahmen nicht den genauen Plan für den Tagesablauf, der charakteristisch für diese Reform-Gemeinschaften war. Sie sahen auch in noch nie da gewesener Weise die Möglichkeit vor, sich von der genauen Beachtung der Regel entbinden zu lassen, um so Studium und Predigt für die einzelnen zu erleichtern.

So war es nicht zu vermeiden, dass in einem Dominikanerkloster viel weniger Sinn für Disziplin herrschte, als man in einer traditionellen religiösen Gemeinschaft erwartete. Trotz seiner Vorliebe für Uniformität gab Humbertus Romanus zu, dass es bei der dominikanischen Regelobservanz kein solches Maß an Einheitlichkeit geben könne. Den Predigern und noch mehr den Lehrern sei ein beträchtliches Maß an Freiheit zuzugestehen, wenn sie ihre Aufgabe ordentlich erledigen sollten. Man musste damit rechnen, dass einige Ordensleute diese Freiheit missbrauchen würden. Bezeichnenderweise versuchte Humbertus nicht, die Disziplin zu straffen, vielmehr bemühte er sich sicherzustellen, dass die Novizen von Anfang an positive Verhaltensweisen übernahmen, die Gesellschaft der leichtfertigeren Mitbrüder mieden und lernten, wie sie ihre Zeit sinnvoll nutzen konnten. Offensichtlich litt das Gemeinschaftsleben beträchtlich unter den zunehmenden Pflichtentbindungen, die den Brüdern gewährt wurden. Wo das hinführen konnte, zeigt uns eine Bestimmung aus einem deutschen Kloster im frühen 14. Jahrhundert, die besagt, dass die Brüder an den Tagen, an denen sie die Kommunion empfingen, gemeinsam im Refektorium essen müssten, d. h. ungefähr fünfzehnmal im Jahr! In der Mitte des Jahrhunderts legten Reformkapitel fest, dass wenigstens die Hälfte der Mitglieder der Gemeinschaft jeden Tag im Refektorium zu essen hatte. Außerdem versuchte man, die Zahl der Brüder, die eine Dispens für das gemeinsame Chorgebet erhielten, zu begrenzen.

Es herrschte damals ganz allgemein die Auffassung, dass religiöse Regeln in gewisser Weise die Autorität eines göttlichen Gesetzes hätten und so für das Gewissen verpflichtend seien. Die Dominikaner fügten 1236 ihren Konstitutionen einen Satz an, der dies ausdrücklich verneinte. Dominikus selbst soll gesagt haben, dass er jede Abschrift der Konstitutionen eigenhändig zerstören würde, wenn er den Eindruck hätte, die Mitbrüder würden sie als bindend für ihr Gewissen ansehen. Das Prinzip, dass die dominikanische Regel nur menschliches Gesetz sei, dem keine übernatürliche Verpflichtung innewohne, wird von den Dominikanern des 13. Jahrhunderts herausgestrichen. Dies soll die Menschen von unangemessener Furcht befreien und Raum für persönliche Motivation lassen. Aber durch die Betonung dieses Prinzips meinten am Ende des 14. Jahrhunderts einige Menschen, die dominikanische Regel würde die Brüder überhaupt nicht verpflichten und wäre nur eine Art Empfehlung. Was helfen sollte, die Menschen zur Gewissensentscheidung zu befreien, wurde in eine Rechtfertigung für Beliebigkeit abgewandelt.

Allerdings wurde das Prinzip des persönlichen Gehorsams gegenüber dem Oberen als wesentliches Element des dominikanischen Gehorsams beibehalten. Das war jedoch nicht so zu verstehen, dass man diesen ständig um irgendwelche Anweisungen angehen sollte, und noch weniger, dass die Freiheit der individuellen Urteilsfindung verloren ging. Typischer dominikanischer Gehorsam bestand darin, die Aufgabe, die einem gestellt war, so gut wie möglich zu erfüllen, auch wenn man der Meinung war, dass der Obere sich irrte. Eine Aufgabe übertragen zu bekommen bedeutete, dass einem die Verantwortung für die Erfüllung übertragen worden war. Die Oberen sollten sich dann aber nicht unnötigerweise in die Art und Weise einmischen, wie die Brüder ihre Aufgabe erfüllten. Im Lauf der Zeit wurde dann doch die Aufgabe des Oberen, über den religiösen Gehorsam der Brüder zu wachen, stärker betont. Aber das war oft nicht sonderlich wirksam, da die Oberen bezüglich der Regelobservanz anscheinend nicht gewissenhafter waren als die ihnen anvertrauten Brüder.

e) Aktive Prediger

Dominikanisches Leben bestand gleichsam aus vielen Einzelelementen, und die sich daraus ergebende Einheit war nicht sehr stabil. Es kam, wie bereits erwähnt, zu Spannungen zwischen Armut und Studium und zwischen den Anforderungen einer persönlich zu erfüllenden Aufgabe und denen des gemeinsamen Klosterlebens. Es gab auch kein eindeutiges Vorbild, wie diese Einzelelemente zusammengehalten werden konnten. Während die Mönche und die reformierten Kanoniker sich ohne große Schwierigkeit auf das Beispiel der frühen Kirche in Jerusalem berufen konnten, so wie es in der Apostelgeschichte dargestellt wird, lieferte das erwählte dominikanische Vorbild, Christus als armer Wanderprediger, keinen Anhaltspunkt, wie Wanderpredigt und Klosterleben zusammengefügt werden konnten. Die Franziskaner gaben anfangs das Klosterleben auf, um so ein Beispiel des apostolischen Lebens nach dem Vorbild von Matthäus, Kapitel 10, geben zu können; aber die Dominikaner lebten von Anfang an in Klöstern. Sie unternahmen auch keinen ernsthaften Versuch, in Dominikus selbst das Vorbild und die Verkörperung der dominikanischen Berufung zu sehen. Die ersten Biografen beschreiben ihn als unnachahmlich. Dominikus selbst hatte seine Mitbrüder auch nicht dazu ermuntert, ihn als Vorbild zu betrachten. Er hatte ihnen die volle Verantwortung übertragen, zusammen mit ihm die Strukturen und Regeln des Ordens zu entwickeln; gelegentlich hatten die Mitbrüder es gewagt, seinen Ideen nicht zuzustimmen. Der Orden sollte sich neuen Situationen anpassen können; deshalb konnte es keine feste Struktur geben, die für alle Zeiten gültig war, genauso wenig wie es feste Statuten für alle Zeiten geben konnte.

Demzufolge gab es auch kein Konzept „dominikanischer Spiritualität", das eine systematische Untersuchung darüber verlangen würde, in welcher Beziehung die verschiedenen Elemente zueinander stehen. Die Dominikaner waren in ihren erbaulichen Schriften nicht besonders originell, auch wenn diese für ihre Mitbrüder gedacht waren. Humbertus' *Brief über das religiöse Leben* stammt zum großen Teil aus zisterziensischen Schriften oder denen der Regularkanoniker. Die Abhandlung über Novizen, die gegen Ende des 13. Jahrhunderts vom Toulouser Novizenmeister verfasst wurde, ist in ähnlicher Weise abgeschrieben. Genauso finden wir im 17. Jahrhundert Dominikaner, die die gängigen Frömmigkeitsnormen übernehmen, z. B. „geistiges Gebet" und spirituelle Übungen (sie „predigten" sogar die *Exerzitien* des hl. Ignatius), ohne darüber nachzudenken, wie und ob solche religiösen Praktiken überhaupt mit der dominikanischen Spiritualität in Beziehung stehen. Deshalb liefern uns dominikanische Quellen auch nur unzusammenhängende und zufällige Informationen darüber, wie die wenig reflektierte Synthese, die die Gründungsväter des Ordens hinterließen, nun weiterhin funktionieren soll.

Wenn Predigt und Studium ernsthaft betrieben werden sollen, muss es den Brüdern gestattet sein, ihrem eigenen Rhythmus zu folgen, unabhängig vom zeitlichen Ablauf des Klosterlebens. Dies war fast von Anfang an in Form von Dispensen zugunsten der Arbeit zugestanden worden. Aber da diese immer mehr alle Kräfte beanspruchte, blieb nur wenig Zeit und Energie übrig, sich moralisch und spirituell weiterzubilden, was doch als das eigentliche Ziel religiösen Lebens galt, wenig Energie auch für die Aufgaben, die das Gemeinschaftsleben mit sich bringt. Doch auch das wurde von Humbertus zugestanden. Prediger sollten nur in geringem Maß von den klösterlichen Verpflichtungen betroffen sein und von den Lasten des Gemeinschaftslebens befreit werden. Lehrer sollten verwöhnt werden, und man sollte von ihnen nicht erwarten, am Chorgebet teilzunehmen, auch wenn sie sich in dieser Zeit von ihrer Tätigkeit erholen würden.

Man hielt es im allgemeinen für unmöglich, ein ernsthaftes, aktives Leben zu führen und gleichzeitig ein vorbildhafter, frommer Mensch zu sein. Humbertus stimmte dem zu. Er warnte vor einer Einschränkung der Predigttätigkeit aus solch einem trivialen Grund wie der Furcht vor den „Sünden, die man unvermeidlicherweise begeht“. In ähnlicher Weise erzählt Jordan von Pisa (ca. 1260 – 1311) zu Beginn des 14. Jahrhunderts den Menschen, dass sie nicht darüber überrascht sein sollten, wenn Dominikaner nicht perfekt sind: Die Städte mit all ihren Versuchungen seien kein geeigneter Ort für die Ordensmänner, aber „wir sind um eures Wohles wegen hier“[5]. Die Erschöpfung, die mit einem regen apostolischen oder akademischen Leben einherging, machte es beinahe unmöglich, die Entbehrungen zu ertragen, die normalerweise von Mönchen erwartet wurden, und ließ wahrscheinlich manchmal einige Gemüter aufbrausen. Nach Humbertus' Auffassung war das einfach das Risiko, das man eingehen musste. Das Gute, das dem apostolischen Dienst am Nächsten innewohne, genüge, um jeglichen Makel der Sünde wegzuwaschen, den der Prediger auf sich geladen haben könnte.

Seit der Zeit des Jordan von Sachsen finden wir bekannte Dominikaner, die sich darüber beklagen, dass sie kaum jemals beten könnten. Deshalb bitten sie Nonnen, für sie zu beten. Sie folgern aber daraus nicht, dass sie ihre Tätigkeit aufgeben sollten.

---

[5] *Jordan von Pisa*, Prediche, hrsg. von D. M. Manni, Florenz 1739, 9; vgl. auch *S. Tugwell*, Way of the Preacher, Springfield IL 1979, 50-51.

Der „Kollaps“ des Ordenslebens, über den sich die Kapitel in der Mitte des 14. Jahrhunderts immer wieder beschwerten, lässt sich nicht einfach auf einen Verlust an religiösem Eifer zurückführen. Auch wenn das Maß an Privatleben inakzeptabel und die ursprüngliche Strenge zum größten Teil verschwunden war, war die Situation wenigstens zum Teil das Ergebnis der legitimen Bevorzugung der Tätigkeit des Ordens. Das Problem verschärfte sich, als viele Brüder dem Schwarzen Tod zum Opfer fielen. Mit einer drastisch reduzierten Mitgliederzahl war es noch schwieriger, ein gemeinsames Ordensleben aufrechtzuerhalten. Mit beklagenswert rüden Rekrutierungsmethoden wurde versucht, das Nachwuchsproblem zu lösen. Am Ende des 14. Jahrhunderts hielten viele die Situation für unerträglich.

f) Reformierte Prediger

Die verschiedenen Versuche im 14. Jahrhundert, das Klosterleben des Ordens zu reformieren, scheinen wenig erfolgreich gewesen zu sein. In den 80er Jahren war damals die Rede davon, wenigstens ein Kloster zu gründen, in dem die Rückkehr zu einer strengen und umfassenden Ordensregel möglich war. 1389 wurde in Colmar die erste reformierte Gemeinschaft gegründet. Ein Jahr später verkündete man ein Programm, wonach ein solches Kloster in jeder Provinz zu gründen sei; sie sollten unter der Jurisdiktion der Provinzialoberen stehen, aber doch beträchtliche Unabhängigkeit genießen. Später wurden die Klöster der Zuständigkeit der Provinzialoberen entzogen und dem Ordensgeneral unterstellt, der sie durch eigens ernannte Stellvertreter verwalten ließ. Im Lauf der Zeit begannen reformierte Klöster auch, sich zu reformierten Gemeinschaften mit zum Teil nahezu vollständiger Unabhängigkeit, sogar vom Ordensgeneral, umzuwandeln. Die verschiedenen Reformen im Orden, so gut gemeint und notwendig sie auch gewesen sein mögen, illustrieren die vage Gestalt der ursprünglichen dominikanischen Synthese.

Die Reformer träumten zuallererst von einem ruhigen Haus auf dem Land, wo die Brüder nicht von ihrem kontemplativen und klar geregelten Leben abgelenkt würden. Daraus wurde nichts, jedoch tauchte dieser Plan später, vor allem in Spanien, wieder auf. Natürlich beabsichtigte diese Art von Reform, die Dominikaner zu besseren Ordensmännern zu machen, allerdings auf Kosten ihres Sendungsauftrags und manchmal auch ihrer Studien. Auch bei einer weniger extremen Vorgehensweise verhinderte die Betonung der klösterlichen Disziplin die uneingeschränkte Hingabe an Predigt und Studium, da doch die üblichen Dispensen und die relative Unabhängigkeit, die die Brüder vorher genossen hatten, eingeschränkt wurden. Die Regelobservanz wurde zum Selbstzweck und dem Sendungsauftrag einfach übergestülpt, so dass dominikanisches Leben nicht als ein ausgeprägtes „apostolisches" Leben, sondern eher als „gemischtes Leben" von Kontemplation und Apostolat betrachtet wurde.

Bezüglich der Armut hatten die Reformer unterschiedliche Meinungen. Einige, wie z. B. Johannes Dominici und Savonarola, wiesen jegliche Vorschläge zurück, dass der Orden das Betteln aufgeben sollte. Andere waren damit beschäftigt, die Gelder und Güter, die in der Verfügungsgewalt einzelner standen, abzuschaffen oder drastisch zu reduzieren. Es war aber auch nicht klar, ob das Betteln wirklich noch eine brauchbare Option darstellte. Savonarola schlug vor, seine reformierte Gemeinschaft mit Hilfe von Laienbrüdern zu finanzieren, die durch Miniaturmalerei Geld verdienen sollten. Das war der ursprünglichen dominikanischen Praxis aber genauso entgegengesetzt wie die anderen vorgeschlagenen Lösungen. Tatsächlich war, wie Raphael von Pornassio betonte, das individuelle Geldbesorgen das einzige Element, das dem ursprünglichen Bettelwesen des Ordens noch irgendwie entsprach. Er hatte wahrscheinlich recht mit seinem Gedanken, dass eine Kombination von einem bestimmten Maß an Eigentum mit einem gewissen Angewiesensein auf Almosen, unabhängig davon, ob sie dem einzelnen oder der

Gemeinschaft gewährt wurden, am ehesten der eigentlichen dominikanischen Praxis entsprach. Eine rigorose Ablehnung von individueller Verfügungsgewalt über materielle Dinge entsprach eher den Regularkanonikern als den frühen Dominikanern.

Auch bezüglich der Gehorsamsfrage gab es Probleme. Wie wir gesehen haben, wurde das Prinzip, dass die dominikanische Regel das Gewissen nicht bindet, missbraucht. Aber das entgegengesetzte Prinzip, dessen bekanntester Verfechter Johannes Dominici war, nämlich dass die dominikanische Regel für das Gewissen verpflichtend sei, stand in eklatantem Gegensatz zur Absicht des Dominikus.

Die Reformer griffen schnell zu einer Praxis, die dem Geist des Dominikus ebenso nicht entsprach; sie suchten Hilfe von außen und verließen sich weitgehend auf päpstliche Dekrete und sogar auf Hilfe durch Laien, um sich gegen ihre eigenen Oberen abzusichern. Als die Kommunität von Padua zwei bekannte Juristen wegen der Reform um Rat fragte, zögerten diese nicht, sie als dominikanischem Recht zuwiderlaufend zu erklären. Zweifellos leistete die Reform einiges, um den im Orden weitverbreiteten Exzessen entgegenzutreten. Aber langfristig konnte sie nicht das unterdrücken, was ein grundlegendes dominikanisches Wesensmerkmal zu sein scheint, nämlich die recht ungezwungene Art des religiösen Lebens und eine großzügige und milde Auffassung von Humanität, die von den Menschen nur dann solche Höchstleistungen wie Selbstverleugnung und Heroismus verlangt, wenn äußere Umstände es erfordern.

Die dominikanische Auffassung vom Ordensleben hat offenbar zwei Tendenzen: Entweder ist sie mit Rücksicht auf die Aufgabe des Ordens zurückhaltend oder sie greift auf Kosten dieser Aufgabe stark in die persönliche Entscheidung ein.

2. Das spirituelle Leben

a) Thomas von Aquin

Obwohl die Dominikaner hinsichtlich ihrer asketischen und spirituellen Lehre wenig originell waren, leisteten sie einige wichtige und unverwechselbare Beiträge zum Verständnis vom spirituellen Leben. Thomas von Aquin ist – natürlich – ein unvergänglicher Zeuge dafür, dass geistiges Leben, wenn es nur in voller Ernsthaftigkeit geführt wird, eine echte Form der Frömmigkeit sein kann, vorausgesetzt, es ist durch Liebe und durch den Wunsch motiviert, anderen Menschen die Wahrheit zu verkünden. In den folgenden Jahrhunderten, als die Intellektuellen in frommen Kreisen auf wachsende Ablehnung stießen, leisteten die Dominikaner ihren Teil, um die Balance wiederherzustellen.

So hebt Thomas von Aquin bezüglich bestimmter Punkte der Lehre in bemerkenswerter Weise hervor, dass christliche Vollkommenheit die Vollkommenheit der Liebe bedeute; das aber sei strenggenommen nur im Himmel möglich. Hier auf Erden gebe es ein Minimum an „Spiritualität", das genüge, um zu Gott zu kommen; darüber hinaus gebe es auch eine Vorstellung von Vollkommenheit, die sich in den evangelischen Räten der Ordensleute verkörpert. Aber der Ordensstand könne nur in dem Sinne ein „Stand der Vollkommenheit" genannt werden, als er ein Stand (weil durch öffentliches Gelübde geschaffen) ist, in dem ein Mensch sich zu drei Haltungen (den drei evangelischen Räten) verpflichtet, die aus sich heraus *Mittel* zur Vollkommenheit der Liebe sind. Demzufolge lehnt Thomas beispielsweise die Lehre des Franziskaners Thomas von York ab, dass Vollkommenheit darin besteht, arm zu sein. Und deshalb kann er auch dem damals nahezu allgemein anerkannten Prinzip widersprechen, dass ein entbehrungsreicheres Leben notwendigerweise auch vollkommener sein müsse. Es gehe vielmehr darum, die Mittel wie eine Medizin in angemessener Dosierung anzuwenden, statt in möglichst großer. Thomas schließt ebenfalls die Möglichkeit aus, dass es in der Kirche verschiedene Arten der Vollkommenheit gebe, z. B. dass Ordensleute (oder Mystiker) eine andere Vollkommenheit hätten oder anstrebten als die allen Christen gemeinsame Zielvorstellung der vollkommenen Liebe.

Thomas' Lehre über das Gebet ist ebenfalls beachtenswert. Er legt in einer meisterhaften Abhandlung den traditionellen (und allgemein verbreiteten) Sinn des Betens als Bitten dar. Indem wir unsere Absichten in ein Bittgebet einbringen, bringen wir unseren planenden Intellekt Gott zum Opfer dar – ein beachtliches Opfer, wie er betont. Wir erkennen an, dass alles Gute von Gott stammt und dass ihm alle Pläne unterworfen sein müssen. Wir lernen, dass wir uns immer an ihn wenden können, und werden durch Eingebung des Heiligen Geistes zu Mitarbeitern bei der Ausführung der Absichten Gottes. Diese vernünftige und überzeugende Lehre zeigt, weshalb wir uns vor dem freimütigsten Bittgebet nicht zu scheuen brauchen und nicht zu scheinbar „spirituelleren" Gebetsformen Zuflucht nehmen müssen. Thomas erklärt auch sehr einsichtig, warum es oft nützlich sein kann, seine Gebete laut zu sprechen. In Übereinstimmung mit der alten mönchischen Tradition sagt er sogar, dass wir uns nicht zwingen sollten, weiterzumachen, wenn es anfängt, uns zu langweilen, obwohl wir auch länger beten können, wenn wir wollen und nichts Wichtigeres ansteht. Wir sollen das häufige, kurze Gebet pflegen (*Summa Theologiae* II-II q. 83; vgl. I q. 23 a.8).

Thomas von Aquin interessiert sich nicht sehr für übernatürliche Phänomene außer für Prophezeiungen (die für alle Theologen jener Zeit „auf der Tagesordnung" standen). Er betont jedoch, dass echte übernatürliche Vorgänge niemals der Arbeit unserer natürlichen Kräfte widersprechen, außer im extremen Fall der Ekstase (und er rechnet dazu nur zwei bekannte Fälle: Moses und Paulus). Jedes übernatürliche Phänomen, das im Widerspruch zu unseren natürlichen Kräften steht, ist dem Teufel zuzuschreiben, nicht dem Heiligen Geist (*Super Evangelium Matthaei* 849; Ausgabe Marietti). Das wahre Kriterium für das Übernatürliche ist Liebe, nicht aber außergewöhnliche Phänomene. Das gleiche Prinzip findet sich später auch bei Heinrich Seuse (ca. 1295 – 1366) und dessen Interesse an übernatürlichen Erfahrungen (*Horologium Sapientiae* 2.5; hrsg. von Künzle, S. 581). Es ist der entscheidende Grund für die Abneigung der Dominikaner gegenüber den mystischen Lehren, die im 16. und 17. Jahrhundert weit verbreitet waren.

b) Meister Eckhart

Meister Eckhart (ca. 1260 – 1328) ist zweifellos einer der großen Namen der dominikanischen Spiritualität; aber über die Interpretation seiner Lehre wird viel diskutiert, weil sein Denken zumindest teilweise deutliche Unklarheiten aufweist. Er verbrachte zuviel Zeit mit Menschen, die ihn unkritisch bewunderten, ihn aber nicht verstanden, so dass er nicht gezwungen war, seine Gedankengänge in aller Klarheit darzulegen.[6]

Es ist typisch für sein Denken, dass er seine Spiritualität überwiegend aus metaphysischen Betrachtungen ableitete. Sein Interesse an frommen Praktiken oder Erfahrungen war gering. Für ihn ist *Abgeschiedenheit* eine äußerst wichtige Tugend. Dieser Begriff ist in erster Linie ein philosophischer und bedeutet wörtlich „Abstraktion“; so wie der Philosoph von Einzelheiten abstrahiert, müssen wir uns in unserem Leben „diesem und jenem“ entwöhnen. Gott ist in allem gleichermaßen anwesend, und Gottes Wille zeigt sich in

---

[6] Vgl. damit die sehr andere Bewertung durch *A. M. Haas,* Schulen spätmittelalterlicher Mystik, in: J. Raitt in Verb. mit B. McGinn und J. Meyendorff (Hrsg.), Geschichte der Christlichen Spiritualität, Bd. 2: Hochmittelalter und Reformation, Würzburg 1995, 154-187 [Anm. von Josef Sudbrack].

allem, was geschieht. Wenn wir Gott auf einem bestimmten Weg suchen, schauen wir auf den Weg und lassen von Gott ab. Sogar „Gott" darf nicht als etwas Besonderes verstanden werden. Er kann nur als „Gott" erkannt werden im Vergleich mit anderen Wesen, die nicht Gott sind. „Gott" aber, *als ein Beziehungs-Begriff*, reicht nicht aus für unsere Seligkeit. Wir dürfen uns auch nicht wünschen, etwas Besonderes zu sein, zu besitzen oder zu wissen. Wir sollten danach streben, so zu sein, wie wir waren, bevor wir erschaffen wurden, als wir sozusagen in Gott, noch ohne in eigener Existenz da zu sein, „präexistierten". Gott ist „nicht etwas", und auch wir müssen ein „nicht etwas" werden, um eins mit ihm zu sein.

Anstatt zu versuchen, sich zu Gott zu erheben, müssen wir anerkennen, dass er unterschiedslos in allem ist, und müssen aus der gesamten Lebenserfahrung lernen, was es heißt, mit ihm eins zu sein. So kehrt Eckhart in einer Predigt das gebräuchliche Beispiel von Maria und Martha um, um zu zeigen, dass Martha die eigentlich reife Christin ist, weil sie aus dem Leben mit all seinen Höhen und Tiefen gelernt hat.

Das Wesentliche ist, dass wir aus dem Urgrund Gottes leben, der zugleich unser Grund ist. Wir müssen mit dem Vater Gottes Sohn gebären, was bedeutet, ihn durch spontanes Tun zu gebären aus dem Grund, der eins ist mit Gott. Das Leben hat keine andere Ursache, um da zu sein; es lebt einfach. Jede wahre Tugend zeichnet sich durch die gleiche Spontaneität und das Fehlen einer funktionalen Zweckhaftigkeit aus.

Eckhart wollte seine Lehre sicher nicht antinomistisch[7] verstanden wissen. Spontan zu leben hieß für ihn, sein Leben und alle dazugehörigen Phänomene einfach anzunehmen. Als Ordensmann etwa bedeutet das, innerhalb des Rahmens zu leben, den diese Form des religiösen Lebens mit sich bringt. Es überrascht aber nicht, dass einige seiner Lehren in antino-

---

[7] Antinom(ist)isch bedeutet jenseits von oder gar gegen das Gesetz (nomos).

mistischen Kreisen Anklang fanden und einige seiner unbedachteren Äußerungen verurteilt wurden. Seine mutmaßlichen Schüler, Seuse und Johannes Tauler (gest. 1361), vertraten eine erheblich gemäßigtere Fassung seiner Lehre, mit mehr Moral- und Erbauungselementen, dafür aber mit weniger spekulativer Beweglichkeit.

c) Johannes vom Kreuz

In Spanien waren es im 16. Jahrhundert anscheinend überwiegend Dominikaner, die der aufblühenden neuen Spiritualität mit ihrem ausgeprägten Interesse an Innerlichkeit und Leidenschaft entgegentraten. Insbesondere der Dominikaner Johannes vom Kreuz (der dem Orden 1524 beitrat), lehnt die Verwendung von „Geist"-Wörtern zur Beschreibung von innerer Leidenschaft und hohlem Pathos ab und betont, dass jeder Christ, der die ihm gestellten Aufgaben bereitwillig und engagiert auf sich nimmt, „spirituell" ist. Nächstenliebe drücke sich in allen Werken des christlichen Lebens aus, und nicht alle Menschen hätten eine spezielle Begabung für stilles Gebet oder inbrünstige Anbetung.[8]

Die dominikanischen Theologen hielten an der traditionellen intellektuellen Bedeutung von „Kontemplation" fest gegenüber der neuen Bedeutung: „eine lange Zeit im Zustand der Verzückung zu verbringen und an nichts zu denken" (wie es besonders von Osuna empfohlen wird).[9] Sie hielten auch an der ursprünglichen Bedeutung von „Gebet", nämlich „Bitte", fest, ohne scharfe Unterscheidungen zwischen stillem und gesprochenem Gebet zu machen. Sie lehnten ab,

---

[8] *Johannes vom Kreuz*, Dialogo sobre la Necesidad de la Oracion Vocal, hrsg. von V. Beltran de Heredia, in: *M. Cano, D. Soto, J. de la Cruz*, Tratados Espirituales, Madrid 1962.

[9] *F. de Vitoria*, Commentarios a la Secunda secundae de Santo Tomas, q. 182 a 4, hrsg. von V. Beltran de Heredia, Salamanca 1952, 312. Vgl. *F. de Osuna*, Abecedaris espiritueal, tr. 21, Kap. 5.

dass es bezüglich des Gebetes „Güteklassen“ gibt, und anerkannten nur zwei Klassen: das Gebet eines Menschen, der sich im Zustand der Gnade befindet, und das Gebet eines Menschen, der sich nicht im Zustand der Gnade befindet. Diese Lehre wurde von Bartolomé Carranza (gest. 1576) in den offiziellen römischen Katechismus übernommen, der zum größten Teil das Werk von Dominikanern war.

Gegen die immer häufiger anzutreffende Innerlichkeit betonten die Dominikaner, dass das zählt, was man tut, nicht das, was man dabei fühlt, während man es tut. Das Besuchen der heiligen Messe drücke Frömmigkeit aus, unabhängig davon, ob man nun davon inspiriert werde oder nicht. Ein Gebet zu sprechen mit der ernsten Absicht, sich Gott zuzuwenden, ist ein wirkliches Gebet, auch wenn der Geist dabei abschweift und man keine Andacht verspürt. Auf diese Weise versuchten die Dominikaner, die Integrität der Praxis des christlichen Lebens vor einer restriktiver werdenden Auffassung dessen, was als „spirituell“ angesehen werden kann, zu schützen.

DIE SPIRITUALITÄT DES HEILIGEN DOMINIKUS UND DIE DOMINIKANISCHE SPIRITUALITÄT

Felicísimo Martínez Díez OP

1. Die dominikanische Spiritualität – eine christliche Spiritualität

Die dominikanische Spiritualität muss vor allem eine christliche Spiritualität sein, eine Spiritualität der Nachfolge Jesu. Jesus ist der einzige, dem man nachzufolgen hat: Dies war für Dominikus von Guzmán von offenkundiger Evidenz, so wie das bei allen Ordensgründern der Fall war. Dominikus hat seine ersten Gefährten nicht aufgefordert, ihm nachzufolgen, sondern vielmehr Jesus, dem Modell und Vorbild jeglicher christlicher Erfahrung. Mit seinem Leben und seinem Wort zeigt Dominikus ein spezifisches Modell für diese Nachfolge auf. Wie bei den meisten Ordensgründern der Fall, strahlt auch Dominikus durch die Praxis aus und zeigt mit seinem Leben, was es bedeutet, Jesus nachzufolgen, und wie man dies treu und radikal tun kann.

Es birgt schwerwiegende Risiken in sich, diese grundlegenden Prinzipien zu vergessen und beispielsweise in einen sterilen Kongregations-Narzissmus zu verfallen beziehungsweise den Bezug zur einzigen Norm jeglicher christlicher Spiritualität zu verlieren, nämlich zum Geist und zur Praxis Jesu. Diese Risiken bestehen häufig, wenn die Konstitutionen und Observanzen der Orden und Kongregationen einen absoluten Wert erhalten und sogar dem Evangelium vorgeordnet werden.

Deswegen wird erzählt, dass der heilige Franziskus denjenigen, die zur Approbation seines Ordens eine Regel einforderten, antwortete: „Redet mir nicht von der Regel des heiligen Benedikt, des heiligen Augustinus oder des heiligen Bernhard oder von irgendeiner anderen Lebensform, wenn es sich nicht um diejenige handelt, die der Herr selbst uns in seiner Barmherzigkeit aufgewiesen und anvertraut hat." In dieser so aufrichtigen Antwort gibt es eine tiefe Wahrheit: Jegliche Spiritualität, die nicht das Evangelium Jesu Christi zur höchsten Norm hat, ist keine wahrhaft christliche Spiritualität. Die Geschichte des Ordenslebens nährte sich aus dieser Gewissheit und wiederholte beständig, das Evangelium sei „erste und oberste Regel".

Dennoch ist die Spiritualität des Dominikus oder die dominikanische Spiritualität eine spezifisch christliche Spiritualität. Sie hat ihre Identität und eigene Charakteristika. Dominikus ist gerade deshalb Ordensgründer und spiritueller Meister, weil er mit seinem Wort und Leben eine spezifische Form der Nachfolge Jesu aufzeigt. Viele Schüler – besser gesagt: Gefährten beziehungsweise Schwestern und Brüder – folgten ihm auf der Suche nach der Treue zu Jesus, auf der Suche nach einem wahrhaft apostolischen Leben. In diesem Sinne wurde gerade Dominikus zu einem Objekt der Nachahmung und der Nachfolge. Anders ausgedrückt: Viele ahmten und folgten Jesus im Stile des Dominikus von Guzmán nach. Dominikus nachzufolgen ist eine bestimmte Form, Jesus nachzufolgen. Das wollen wir sagen, wenn wir behaupten, dass die „dominikanische Spiritualität eine christliche Spiritualität" ist.

Die Frage, die uns beschäftigt, lautet demnach: Welche bestimmten oder spezifischen Charakteristika besitzt die Spiritualität des Dominikus oder die dominikanische Spiritualität?

Bevor darauf eingegangen wird, ist noch eine andere Bemerkung zu machen: Die dominikanische Spiritualität steht nicht isoliert im dominikanischen Leben. Sie beschränkt sich nicht auf die Zeiten von Gebet und liturgischer Feier. Sie umfasst die Gesamtheit von Leben und Mission. Das ganze dominikanische Leben lebt im Stil des Dominikus im Geist Jesu. In diesem Sinne gehören alle Komponenten dominikanischen Lebens und dominikanischer Mission zur dominikanischen Spiritualität oder sind konkrete Inkarnation derselben.

Die Fundamentalkonstitution bestätigt dies: „Da wir also an der apostolischen Mission teilhaben, übernehmen wir auch die Lebensweise der Apostel in der Form, die der heilige Dominikus herausgebildet hat. Wir führen einmütig das gemeinsame Leben, wir verhalten uns treu zu den evangelischen Räten, wir pflegen mit Freude die gemeinsame Feier der Liturgie, vor allem der Eucharistie und des Stundengebetes, und das persönliche Gebet, wir widmen uns intensivem Studium, wir stehen zu den klösterlichen Lebensformen. All diese Dinge fördern nicht nur die Ehre Gottes und unsere Heiligung, sie dienen auch direkt dem Heil der Menschen, da sie übereinstimmend auf die Predigt vorbereiten und zu ihr hinführen, sie prägen und ihrerseits von ihr geprägt werden. Diese verschiedenen Elemente [unserer Lebensweise], die miteinander in engem Zusammenhang stehen, aufeinander abgestimmt sind und sich gegenseitig befruchten, machen als Ganzes das Besondere des Ordens aus, d. h. ein im vollen Sinne apostolisches Leben, in dem Predigt und Lehrtätigkeit aus der Fülle der Kontemplation fließen müssen“ (LCO 1, IV).[1]

2. Die Spiritualität des Dominikus – eine Spiritualität der Menschwerdung

Ein klassisches Problem in der christlichen Geschichte war die Tendenz, spirituelle Erfahrung und historischen Kampf voneinander zu trennen. Erstere hat man zuweilen in Verbindung gebracht mit einem entsprechenden Zeitaufwand für Gebet oder liturgische Feier; der historische Kampf oder das weltliche Engagement hat man einfach in Verbindung gebracht mit einem entsprechenden Zeitaufwand für Arbeit oder Mission.

---

[1] LCO = Liber Constitutionum et Ordinationum Ordinis Fratrum Praedicatorum.

Diese Tendenz war in der Zeit des Dominikus allgegenwärtig, als ein starker und kämpferischer Manichäismus das ketzerische Umfeld bildete und auch die katholische Gemeinschaft in Versuchung führte. Die *fuga mundi* (Weltflucht) war häufig Ausdruck dieses manichäischen Dualismus, der das Ordensleben unterwanderte. Dominikus wandte alle Mühe auf, diesen Dualismus zu überwinden und eine Spiritualität zu erlangen, die spirituelle Erfahrung und historischen Kampf integriert.

Zur Überwindung dieses Dualismus muss man die dazu notwendige Inspiration im Geheimnis der Menschwerdung suchen. Hier stieß Dominikus auf die wahre Quelle seiner Spiritualität – eine Spiritualität der Menschwerdung.

Die Spiritualität des Dominikus ist nicht romanisch, sondern gotisch. Der Christus des Dominikus ist kein Christkönig oder ein romanischer Pantokrator, dem menschlichen Drama gegenüber fremd und empfindungslos. Vielmehr ist er ein gotischer Christus, feinfühlig und geduldig, leidend und gekreuzigt, der die Tiefgründigkeit menschlichen Dramas verinnerlicht. Die Maria des Dominikus ist nicht die romanische Königin, sondern die gotische Mutter. Denn es handelt sich um eine Spiritualität der Menschwerdung, welche die eigene und fremde „conditio humana“ erkennt und aufgreift.

Diese Spiritualität ist kein Ergebnis der *fuga mundi*, sondern der Menschwerdung und der Verflechtung in die Welt. Dominikus verinnerlicht diese Spiritualität und entfaltet sie in dem Maße, wie sie die Berührung und das Mitleid mit und das Erkennen der betrübten Menschheit ist. Hier haben wir ein bestimmtes Charakteristikum des spirituellen Lebenswegs des Dominikus: Die leidende Menschheit ist der Weg, sich auf eine Spiritualität der Menschwerdung einzulassen und das Geheimnis der Menschwerdung und der Passion Christi zu entdecken.

Die Berührung mit den gekreuzigten Frauen und Männern ist für Dominikus der sichere Weg, um die Kontemplation des gekreuzigten Jesus Christus zu verinnerlichen. Und die gekreuzigten Frauen und Männer sind für Dominikus die Armen in Palencia, die Ketzer Südfrankreichs, die Heiden der Marken, die Sklaven der Feudalgesellschaft, die Sünder, alle wegen jeglicher Art von Leiden bedrückten Frauen und Männer. Man muss der Menschheit nicht den Rücken kehren, um Gott zu finden; im Gegenteil, man muss sie verinnerlichen, um Gott zu erfahren und um leibhaft die Kraft seines heilenden Willens zu spüren.

Diese Spiritualität der Menschwerdung ist zu einem guten Teil die Quelle der herausragenden Persönlichkeit des Dominikus. Sie stellt sich dar als außergewöhnliche Harmonie von Menschlichem und Göttlichem, von Natürlichem und Übernatürlichem, von menschlichen Gaben und christlichen Tugenden. In der Persönlichkeit des Dominikus gibt es keine eindeutig definierten Grenzen zwischen beiden Bereichen. Es ist kaum zu ermitteln, wo seine menschliche Persönlichkeit endet und seine evangelische Persönlichkeit beginnt. Es ist praktisch unmöglich, die Grenzen zu ziehen zwischen dem menschlichen Wert seiner Freundschaft und dem christlichen Geschenk seiner Liebe. Diese Harmonie der Persönlichkeit des Dominikus drückt die Art und Weise und den typischen Charakter dominikanischen Daseins gut aus.

Die historische Perspektive darf nicht vergessen werden. Dominikus musste sich dem Dualismus und Manichäismus der Katharer widersetzen und ihn überwinden. Er musste sich dem widersetzen und die Risiken erkennen, die eine manichäische Interpretation der *fuga mundi* im gottgeweihten Leben begleiten. Diese historischen Umstände hatten auf seine Spiritualität zweifellos Einfluss. Sie führten ihn zu einem tieferen Verständnis des Geheimnisses der Menschwerdung, die für ihn zu einer Quelle seiner Spiritualität und seines apostolischen Projektes wurde. „Die Gnade zerstört nicht die Natur, sondern vervollkommnet sie." Dieses theologische Prinzip, das zu einem späteren Zeitpunkt der heilige Thomas von Aquin formulieren wird, war schon für die Spiritualität des Dominikus inspirierend.

Die Spiritualität der Menschwerdung erklärt zur Genüge, dass die Persönlichkeit des Dominikus sowohl herausragend und komplex, faszinierend und verblüffend als auch voller kontrastreicher Wesenszüge war. Wenn man Menschliches und Göttliches miteinander verbindet, lässt man sich auf dieses Geheimnis ein, welches Paulus in solcher Weite, Tiefe und Höhe nicht erlangt hat. Paulus bezieht es nur auf Christus, aber dieses Geheimnis Christi spiegelt sich auch in den großen Nachfolgern Jesu wider, von denen einer Dominikus ist.

Die herausragende Persönlichkeit des Dominikus ist der Nährboden seiner christlichen Erfahrung. Gleichzeitig ist sie aber auch das Ergebnis seiner christlichen Erfahrung.

Ein hervorragender Wesenszug der Persönlichkeit des Dominikus ist seine Willensstärke, was der Heilsgnade keineswegs widerspricht. Dominikus hat diese Willensstärke in der Rauheit seines Geburtslandes geerbt und erlernt. Kastilien ist ein rauhes Land. Man muss es mit viel Schweiß bewässern, um Brot zu erhalten. Diese Stärke hat er auch von seinem Vater geerbt, einem mittelalterlichen Ritter, der eine Reihe von Tugenden vereinen musste, um den Sieg davonzutragen: Tapferkeit, Mut, Risiko- und Opferbereitschaft, Großzügigkeit, Kämpfer- und Abenteuergeist sowie Sinn für Ehre und Redlichkeit. Und er hat sich in den schwierigen Unternehmungen, die das Leben ihm auferlegte, in Willensstärke geübt.

Die Willensstärke des Dominikus zeigt sich beständig auf seinem Lebensweg. Er bleibt fest im Predigtdienst – trotz der ihn begleitenden Schwierigkeiten; in der schwierigen Aufgabe, den Orden trotz Dekrets des Vierten Laterankonzils approbieren zu lassen; in der Organisation der Schwestern in Rom; in der Aussendung der Brüder – trotz gegenteiliger Ansicht seiner allzu klugen Ratgeber; in der Verteidigung der Rechte der Brüder, in ihren Kirchen öffentlichen Gottesdienst abhalten zu können – trotz Opposition der Kanoniker von Paris und Bologna; in der Verteidigung der eigenen Treue und derer seiner Brüder hinsichtlich des ursprünglichen Gründungsprojektes.

Diese Willensstärke ist kein Zeichen von Voluntarismus, der die unverdiente Gnade christlicher Erfahrung leugnet. Dominikus ist kein Jansenist. Der Wille ist sicherlich ein wichtiger und unentbehrlicher Faktor jeglicher menschlicher Unternehmung, und er ist es auch für das Gottesreich. Aber die authentischste christliche Erfahrung entstammt nicht dem Voluntarismus, Stoizismus oder der Askese. Diese Willensstärke des Dominikus moralisiert die Gute Nachricht nicht. Für den Zeugen Jordan von Sachsen ist die Entscheidungsstärke des Dominikus die Frucht eines tiefen Glaubens und eines großen evangelischen Scharfsinns. Jordan ist davon überzeugt, dass Dominikus diese riskanten Entscheidungen getroffen hat, indem er durch die göttliche Inspiration oder zumindest durch ein tiefes Vertrauen auf die Vorsehung geführt wurde.

Die Willensstärke macht aus Dominikus keinen rauhen und unnachgiebigen Mann. Gerade dieser Wesenszug seiner Persönlichkeit ist mit einem nicht weniger bedeutenden verbunden: seine unglaubliche Feinfühligkeit, seine innige Sanftheit, sein außergewöhnliches Mitleid – Tugenden, die er vielleicht von seiner Mutter geerbt hat. Die Verknüpfung beider Wesenszüge gibt uns ein charakteristisches Profil der Persönlichkeit des Dominikus und erklärt ihren menschlichen und christlichen Reichtum. In diesem Sinne ist das beträchtliche Vorhandensein des Weiblichen in der Psychologie, der Spiritualität und im Leben des Dominikus zu betonen. Vielleicht findet sich hier die Erklärung seiner besonderen Begabung und Feinfühligkeit im Umgang mit dem weiblichen Geschlecht, ein warmer, zuvorkommender, offenherziger und transparenter Umgang, ganz natürlich und sittsam – ein ausgezeichneter evangelischer Umgang.

Das Mitleid des Dominikus ist eine Tugend, die menschlich und evangelisch zugleich ist. Es ist kein widerwilliges Gebaren gegenüber dem zu Bemitleidenden, sondern geschwisterliche und väterliche Em-pathie und Sym-pathie. Er erniedrigt den zu Bemitleidenden nicht, sondern er erhöht ihn und gibt ihm seine Würde zurück. Dominikus erweist sich als besonders mitleidig gegenüber den Armen Palencias, den Ketzern Südfrankreichs, den Heiden der Marken, den Sklaven der Reconquista oder des Feudalsystems, den Sündern und den Schwestern und Brüdern in der Krise. Und sein Mitleid beschränkt sich nicht auf romantische und intime Gefühle: Er setzt sie um in konkrete historische Taten. Er verkauft seine Bücher, um den Armen zu helfen; er widmet sein Leben der Ketzerpredigt; er begleitet die Sünder durch Dialog und brüderliche Zurechtweisung; er ermutigt die Brüder in der Krise. Dies sind auch Früchte der Spiritualität der Menschwerdung, die das Leben des Dominikus beseelt.

Für eine Spiritualität der Menschwerdung zu optieren bedeutet, nicht nur theoretisch die menschliche Natur aufzugreifen, sondern auch menschlich zu sein und mit menschlicher Energie zu fühlen und zu handeln. Mit menschlicher Energie zu handeln, ist ein weiterer Wesenszug der Persönlichkeit des Dominikus. Er greift die menschliche Natur ohne Aufgeregtheit oder manichäischen Beigeschmack auf. Er erforscht und erkennt das Innerste des menschlichen Herzens. Damit ist er dem Jesus der Evangelien sehr ähnlich. Dominikus ist ein Experte für Menschlichkeit. Und vor allem ist er ein Experte für Freundschaft. Das ist die Menschwerdung christlicher Liebe. „Er liebte alle und wurde von allen geliebt." Allen, die seine Wege kreuzten, wurde Dominikus zum Freund. Er war der Freund Diegos und Fulkos, der Päpste Innozenz III. und Honorius III. sowie ein Freund Hugolinos; ein Freund der Ketzer, die bereit waren, ihm zuzuhören; Vater und Freund der Brüder und Schwestern; nahe bei den Sündern und bei den Leidenden. Und er war Vertrauter der Studenten von Bologna, mit denen er gerne Umgang pflegte.

Die Summe dieser Wesenszüge der Persönlichkeit des Dominikus ergibt keinen Asketen im Stil des Täufers Johannes, sondern einen evangelischen Mann im Stile Jesu. Dominikus ist außergewöhnlich ausgeglichen, optimistisch, zugänglich und menschlich. Diese Tugenden sind Menschwerdung seiner Gotteserfahrung, menschgeworden in seiner Beziehung zu Frauen und Männern. Vielleicht verbinden sich in keiner

Tugend seine Gotteserfahrung und menschliche Qualität in solch außergewöhnlicher Weise wie im Verständnis und der Praxis von Jungfräulichkeit. „Der Herr hat mir die Gnade gegeben, in Körper und Geist Jungfrau zu bleiben." So bekennt er es in den letzten Stunden seines Lebens. Diese Tugend ist für ihn eine Form, am Rande jeglichen Manichäismus und gleichzeitig bar jeglicher egoistischer Suche nach unmittelbaren Belohnungen die christliche Liebe zu zeigen. Die Menschlichkeit des Dominikus kommt in seiner körperlichen und spirituellen Jungfräulichkeit gut zum Ausdruck.

Wird diese Persönlichkeit des Dominikus und seine Spiritualität der Menschwerdung gewissermaßen die Spiritualität und Persönlichkeit des Ordens sein? Ist es nicht so, dass man im allgemeinen Dominikanerinnen und Dominikaner als höchst menschliche Frauen und Männer betrachtet hat, frei von Mystizismen und falschen Mystifizierungen, spontan im Umgang, mit Sinn für Freundschaft und Geschwisterlichkeit, als Liebhaber der Wahrheit und als Realisten?

Ist es nicht eine Herausforderung für die dominikanische Spiritualität, das Menschliche und Göttliche in Einklang zu bringen, so wie es Dominikus gemacht hat?

3. Christozentrische Spiritualität

Die christliche Spiritualität ist zweifellos eine theozentrische Spiritualität. Aber man sollte nicht vergessen, dass Gotteserfahrung keine direkte und unmittelbare Erfahrung ist. Die christliche Gemeinschaft hat Jesus Christus zum Mittler, in ihm kulminiert die Offenbarung Gottes. Er ist die Exegese Gottes. Dies einfach zu vergessen, führt uns zu einem ständig drohenden Fundamentalismus aus falschen religiösen Illusionen oder fatalen Ideologisierungen der religiösen Erfahrung und der Gottesvorstellung.

Die christliche Spiritualität ist selbstverständlich auch eine „charismatische" Spiritualität. Das christliche Leben ist durch den Geist beseelt oder mit Inspiration und Kraft des Geistes belebt. Der Geist ist Animateur des Christen und der christlichen Gemeinschaft. Aber man sollte auch nicht vergessen, dass der die christliche Gemeinschaft belebende Geist der Geist Jesu ist und nicht irgendein aus subjektiven Erfahrungen projizierter Geist. Dabei besteht auch die Gefahr von Fundamentalismus und religiöser Erleuchtung. Jegliche christliche Spiritualität ist definitiv eine Glaubenserfahrung von Jesus Christus, und sie ist definitiv eine christozentrische Spiritualität.

Dominikus hat uns keine Schrift hinterlassen, aus der heraus wir seine Spiritualität erklären können. Zu ihr haben wir Zugang nur durch Zeitzeugen, die keine Zeugen der Lehre des Dominikus, sondern seines Lebens sind. Es sind lebendige Zeugen und Personen, die ihn persönlich kannten und mit ihm ihr Leben teilten. Über sie hinaus gibt es andere, nicht weniger wertvolle Zeugen: das Leben der ersten dominikanischen Generation, die direkt aus der spirituellen Quelle des Dominikus getrunken hat. Die von ihr begründete Spiritualität des Ordens ist eine andere Zugangsweise zur Spiritualität des Dominikus.

Alle diese Zeugen stimmen darin überein, die Spiritualität des Dominikus im wesentlichen als christozentrische Spiritualität darzustellen. Dominikus wird durch Fra Angelico häufig kniend am Fuße des Gekreuzigten dargestellt. Diese Bilder geben die spirituelle Erfahrung des Dominikus gut wieder. Das Zentrum ist Christus, genauer der gekreuzigte Christus.

Das Geheimnis der Menschwerdung, das die menschliche Natur voll und ganz aufgreift, mündet im Geheimnis des Kreuzes, welches das ganze Drama der menschlichen Natur offenbart. Deshalb ist die Spiritualität des Dominikus eine Spiritualität der Menschwerdung und eine Spiritualität der Passion zugleich. Auch in diesem Sinne ist seine Spiritualität eindeutig gotisch. Der gekreuzigte und geduldige Christus ist ein zentrales Motiv der gotischen Kunst, Sensibilität und Spiritualität.

Aber es gibt einen besonders bedeutsamen Wesenszug in dieser christozentrischen Spiritualität des Dominikus. Sie ist keine aus Büchern oder aus der bloßen monastischen Meditation heraus angelernte, sondern sie ist eine in der Berührung mit der leidenden Menschheit gelernte und angewandte Spiritualität. Im gekreuzigten Christus offenbart sich das wahre, liebevolle Antlitz Gottes. Im menschlichen Schmerz – in den Gekreuzigten der Erde – offenbart sich der gekreuzigte Christus.

Die Berührung mit der leidenden Menschheit ist die Quelle der religiösen Erfahrung, der Spiritualität, der christlichen und apostolischen Berufung des Dominikus. Hier wurzelt eine der wichtigsten Herausforderungen für die Dominikanerinnen und Dominikaner der gegenwärtigen Welt: die Lasten der leidenden Menschheit auf sich zu nehmen und sich in christlichem Mitleid zu üben. Dies ist der angemessene Weg, um die dominikanische Spiritualität wieder zu beleben, um aus ihr eine wirklich christozentrische Spiritualität zu machen.

Dominikus ist weder Manichäer noch Dualist, noch Pessimist. Er weiß das Positive, das es in der menschlichen Geschichte gibt, zu bewerten und zu genießen: Güte, Großzügigkeit, Geschwisterlichkeit, Freundschaft und Erfolg. Aber er ist auch nicht naiv. Er ist sich der Gegenwart des Negativen in derselben menschlichen Geschichte bewusst. Mit großer menschlicher und evangelischer Feinfühligkeit greift er das Geheimnis des Schmerzes auf und verinnerlicht es. Und dies wird für ihn zur Quelle christlicher Spiritualität und apostolischer Berufung.

Dominikus ist einfach betroffen von fremdem Schmerz und fühlt innig Mitleid mit jeglichem leidenden menschlichen Dasein. Sein Leben ist eine Geschichte des Mitleids. In Palencia hat er Mitleid mit den verarmten Massen und verkauft, um ihnen zu helfen, seine Bücher. In den Kriegen der Reconquista und in der Feudalwelt fühlt er Mitleid mit den Sklaven und bietet sich selbst als Ablöse an. In Südfrankreich hat er Mitleid mit den in Lüge und Irrtum verstrickten Ketzern und widmet sich mit aller Kraft der Predigt des Evangeliums. In den Marken fühlt er Mitleid mit den Heiden und denjenigen, denen keiner das Evangelium gepredigt hat, und er hält sein ganzes Leben lang fest an der Idee und dem Wunsch, bei den Kumanen zu missionieren, sogar sein Leben als Märtyrer des Evangeliums hinzugeben. Er hat ein besonderes Mitleid mit den Sündern, und sein Fürbittgebet führt ihn bis hin zu Klage und Tränen. Er ist mitleidig mit den schwachen und in Versuchung geführten Brüdern, und er übt sich in einzigartiger Gewandtheit in brüderlicher Zurechtweisung und Belebung der Gemeinschaft.

Das Kreuz und die Passion der Frauen und Männer lenkt die Aufmerksamkeit des Dominikus auf die Betrachtung des Kreuzes und der Passion Christi. Seine Spiritualität ist nicht nur christozentrisch, sie ist auch passiozentrisch. Zweifellos meditierte Dominikus häufig die ersten Kapitel des 1. Korintherbriefs. In ihnen spiegelt sich die christozentrische Spiritualität und die Predigt des Dominikus gut wider.

Das Kreuz und die Passion der Menschen lenken die Aufmerksamkeit des Dominikus auf die Betrachtung des Erlösungsgeheimnisses. Dominikus glaubt fest an den Heilsplan Gottes für die Menschheit und verkündet ihn mit Hingabe. Er ist kein Prophet der Ungnade, Verdammnis und Zerstörung. Er verkündet keine schlechten Nachrichten. Er ist Prediger der Guten Nachricht. Er ist kein apokalyptischer Prediger im Stile der Katharer und anderer mittelalterlicher Prediger. Er ist ein Prophet der Hoffnung.

Dominikus ist auch kein Moralist, der auf Drohung oder Strafe rekurriert und das Gewissen der Zuhörer belastet. Er ist vielmehr ein evangelischer Prediger, ein spiritueller Meister, der Verzeihung, Erlösung und Versöhnung verkündet. Ein Moralist verweigert sich, wenn er droht und beschuldigt. Ein spiritueller Meister aber sucht und folgt nach, weil er denjenigen Hoffnung schenkt, die von der Last des Schmerzes und der Schuld bedrückt sind. Liegt darin nicht der Grund für diesen lehrhaften, kerygmatischen, positiven und hoffnungsvollen Charakter, den es traditionell in der dominikanischen Predigt gegeben hat?

Einige Wesenszüge im Leben des Dominikus verkörpern diese christozentrische und passiozentrische Spiritualität: An erster Stelle steht seine Hochschätzung von evangelischer Armut und der entsprechenden Praxis. Das Geheimnis der Menschwerdung ist ein Geheimnis der *kenosis*, der Selbstentäußerung, des Abstiegs aus den Höhen der Göttlichkeit in die Niederungen der Menschheit. Aber dieses Geheimnis vollendet sich im Leben und vor allem in der Passion und dem Tod Jesu. Gott greift die menschliche Natur auf unterster Ebene auf – die Sklavennatur, weil er sich bis zum Tod, ja bis zum Tod am Kreuz erniedrigt. Das ist der Christus, den Dominikus mit der radikalen Praxis evangelischer Armut nachahmen möchte.

Die Armut des Dominikus ist keine einfache Askese. Er ist weit entfernt von manichäischem Dualismus, von der Geringschätzung weltlicher Wirklichkeiten. Die Armut hat für ihn eine positive Bedeutung.

- Sie ist erstens ein Weg von der Beherrschung der Affekte hin zur Souveränität des Geistes. Dies ist der wahre Sinn christlicher Askese.
- Sie ist zweitens eine Form, die einfachsten Bedingungen der menschlichen Natur zu teilen, nämlich die Situation der Gekreuzigten der Welt. Durch die ganze Armut hindurch zeigt Dominikus in wirksamer Weise sein Mitleid mit der leidenden Menschheit.
- Sie ist drittens ein angemessener Weg, die Erfahrung göttlicher Vorsehung und menschlicher Geschwisterlichkeit zu machen. Beide offenbaren sich, wenn Menschen die materiellen Güter teilen.
- Sie ist viertens eine Form, dem armen Christus nachzufolgen, der sich selbst entäußerte und bis zum Äußersten erniedrigte. Das Ideal der Nachfolge des armen Christus, von Franziskus so gewünscht, wird auch von Dominikus geteilt, obgleich er es sich im Sinne einer „Nachfolge der Apostel“ zu eigen machte.

- Und schließlich ist sie ein Weg der Freiheit zur radikalen Nachfolge Jesu und zur Verkündigung des Evangeliums. Die Armut ist das Beglaubigungsschreiben der Prediger. Sie ist die Kraft, welche die Predigt des Dominikus bestärkt und legitimiert, indem sie den Erfolg der ketzerischen Predigt neutralisiert. Die so verstandene Armut hat einen bemerkenswert prophetischen Wert. Armut radikal zu leben, ist schon eine wirksame Form, das Evangelium zu verkünden und das Bildnis des Goldenen Kalbs – eines der größten Götzendienste menschlicher Geschichte – anzuklagen. Deshalb hinterlässt Dominikus seinen Brüdern als Erbe die Armut.

Ein anderer Wesenszug christozentrischer Spiritualität des Dominikus ist die unbedingte Hingabe seines ganzen Lebens für das Evangelium. In seinem Leben ist sein apostolischer Eifer beeindruckend. Seit der Entdeckung seiner apostolischen Berufung im Rahmen seiner Berührung mit der Häresie, dem Heidentum und der leidenden Menschheit widmet sich Dominikus voll und ganz dem Predigtdienst, bis hin zur Vernichtung des Lebens. Alles wird in den Dienst des Evangeliums gestellt – seine Gesundheit, seine Zeit, seine Arbeit, seine Begabungen, sein ganzes Leben. Und weil ihm bewusst ist, dass ihn allein die Predigt des Evangeliums überfordert, lässt er sich im Predigtdienst von Brüdern und Schülern begleiten.

Der Predigtdienst verstärkt in Dominikus auch das Ideal des Martyriums, ein anderer essentieller Wesenszug christozentrischer Spiritualität und ein anderes fundamentales Bedürfnis nach radikaler Nachfolge Jesu.

Das authentische christliche Opfer ist gerade nicht die Askese, die der Christ sich selbst auferlegt, sondern das, was ihn um der radikalen Nachfolge Jesu und der Glaubensverkündigung des Evangeliums willen dort hinführt: „Die um der Sache willen Verfolgten.“ Das ist das Leiden, das der apostolische Dienst mit sich bringt. Der heilige Paulus ist ein leuchtendes Beispiel dieses Leidens, welches ihn im apostolischen Dienst begleitet. In diesen Leiden freut er sich, weil er so in seinem irdischen Leib dasjenige ergänzt, was an den Leiden Christi noch fehlt (Kol 1,24).

Es gibt keinen wahren apostolischen Dienst ohne Verfolgung und Kreuz, weil Gerechtigkeit und Wahrheit in einer Welt von Lüge und Ungerechtigkeit nicht leicht akzeptiert werden. Dominikus teilt in seinem apostolischen Dienst mit Paulus diese Erfahrung. Ausgeliefert dem Spott, der Verleumdung und der Verfolgung durch die Ketzer, den körperlichen Strapazen und der Krise des Geistes, der Erfahrung des Scheiterns und der Versuchung aus Einsamkeit – Dominikus ist fähig, alle diese Hindernisse zu überwinden, um das Kreuz auf sich zu nehmen und Jesus nachzufolgen, damit er in der Prüfung standhaft bleibt. Er stellt sich sogar der Schwierigkeit direkt entgegen: Er predigt lieber in Carcassonne, weil er dort schlechter behandelt wird. Ist er Masochist? Oder ist er eher ein evangelischer Mann, der sich bewusst ist, dass es keine Erlösung ohne Leiden, keinen apostolischen Erfolg ohne Opposition und Verfolgung gibt?

Auf dieser apostolischen Wanderschaft wächst das Ideal des Martyriums, einer der hervorstechendsten Wesenszüge des wahren Schülers Jesu und des Verkündigers. Seit Dominikus mit den Kumanen in Berührung gekommen war, lebt die Idee der Missionierung im Heidenland, auch wenn es ihn das eigene Leben kosten sollte. Er weiß gut um die Aggressivität, mit denen die Verkündiger in diesen Gegenden behandelt werden. Dieser Umstand bringt ihn nicht von seinem Missionsideal ab, eher lässt er es in ihm wachsen.

Das gleiche Ideal bleibt fest während seines Dienstes für die Ketzer. Er meidet die Gefahr nicht. Er stellt sich ihr mit Mut entgegen. Er ist dazu bereit, von Feinden vernichtet zu werden, damit das Zeugnis seines Blutes die Verkündigung des Wortes bestätigt. Das blutige Martyrium hat im Leben des Dominikus keinen Platz gefunden. Es aber so lebhaft erdulden zu wollen, hat ihm unter den Adressaten seiner Mission gerade deshalb eine hohe moralische Autorität verliehen, weil es ihn als einen gläubigen Nachfolger Jesu offenbarte, der dazu bereit war, wegen des Königreiches das Kreuz auf sich zu nehmen. Das ist die schwerste Prüfung einer wahrhaft christozentrischen Spiritualität.

In der Praxis des apostolischen Dienstes keimt in Dominikus eine christozentrische Spiritualität, die sich beständig aus der Betrachtung des gekreuzigten Christus nährt. Eines der hervorstechendsten Charakteristika der Spiritualität des Dominikus ist gerade die Harmonie von kontemplativer Erfahrung und apostolischer Aktivität.

„Den Tag widmete er den Nächsten, die Nacht Gott" (Jordanus)[2]. So fasst Jordan von Sachsen den spirituellen Zirkel des Dominikus zusammen. Sein Kampf ist kein voluntaristischer Kampf. Er ist motiviert und genährt aus einer heftigen kontemplativen Erfahrung, die es ihm erlaubt, die Wege der Heilung deutlich zu sehen. Die kontemplative Erfahrung erlaubt dem Apostel, vom Unmittelbaren einen klugen Abstand zu halten, um mit Klarheit die Pläne Gottes für die Menschheit zu sehen. Das ist im Leben des Dominikus die Bedeutung der dichten Momente von Gebet und liturgischer Feier. Der Aktivismus ist keine Idealformel des apostolischen Dienstes. Die apostolische Betätigung trägt nur dann wahren evangelischen Charakter, wenn sie durch kontemplative Erfahrung gestützt ist. Die Betrachtung des Geheimnisses Christi ist Quelle der Verkündigung dieses Geheimnisses. Und die Verkündigung des Geheimnisses Christi verweist wiederum auf die kontemplative Erfahrung.

---

[2] *Meister Jordan*, Das Buch von den Anfängen des Predigerordens, übers. u. hrsg. v. M. D. Kunst (Bücher für Glauben und Leben. Dokumentarische Reihe 1), Kevelaer 1949, Nr. 105.

4. Spiritualität und Evangelisierung

Im Leben und im Gründungsprojekt des Dominikus steht alles im Dienst der Predigt, und diese steht ihrerseits im Heilsdienst der Menschheit. Dieses Ziel inspiriert und formt die Komponenten dominikanischen Lebens: Gebet und Liturgie, Studium und Gemeinschaftsleben, Armut und Askese, Observanz und Dispens. Deshalb kann mit Fug und Recht behauptet werden, dass die dominikanische Spiritualität wesentlich eine Spiritualität der Evangelisierung ist.

Dies wurde bereits bestätigt. Einer der größten Erfolge dominikanischen Lebens ist gerade die Versöhnung zwischen kontemplativer Erfahrung und aktivem Leben, zwischen spiritueller Erfahrung und apostolischem Engagement.

Die Evangelisierung und der apostolische Dienst sind nicht schon eine Ergänzung meiner bereits vorfabrizierten Spiritualität. Es ist die Menschwerdung dieser Gotteserfahrung in Christus: Es ist eine spezifische Form, Nachahmung und Nachfolge Jesu zu praktizieren. Die Ursprünge verpflichten uns heute, die Inspiration unserer Spiritualität und unseres Apostolates zu überprüfen, genauso wie die Beziehung von kontemplativer Erfahrung und apostolischer Aktivität. Sind sie miteinander versöhnt oder sind sie voneinander getrennt? Die Antwort auf diese Frage ist ein guter Leitgedanke, um die Lebendigkeit dominikanischer Spiritualität kennenzulernen.

Dominikus zentrierte seinen apostolischen Dienst auf die Predigt und die ausdrückliche Verkündigung des Wortes. Dies war im Leben und im Gründungsprojekt des Dominikus eine der bedeutungsvollsten prophetischen Eingebungen. Die Verkündigung des Kerygmas ist der erste Schritt zum Aufbau der christlichen Gemeinschaft, dessen Ursprung im gemeinsamen Glauben an Jesus zu finden ist. Die Evangelisierung ist auch Verpflichtung zur Erneuerung der christlichen Gemeinschaft. Die Kirchengeschichte ist ein eindeutiges Zeugnis der Wichtigkeit der Evangelisierung für jegliche Erneuerung der christlichen Gemeinschaft. Die großen Momente der

Kirchenerneuerung waren die großen Momente der Evangelisierung.

Dennoch ist Predigt oder Evangelisierung nicht einfach eine professionelle Aktivität der Kirche. Evangelisieren ist eine wesentliche Form christlichen Daseins. Anders gesagt, christliches Dasein schließt Evangelisierung mit ein. Diese führt solche Forderungen nach evangelischer Treue mit sich, die für den Verkündiger zu einer Quelle der Spiritualität wird. Die Spiritualität des Dominikus ist eine verkündigende Spiritualität, die geprägt ist von den Forderungen nach Evangelisierung.

Dominikus verbindet im Dienst der Evangelisierung ganz harmonisch die Treue zu Jesus und die Treue zu den Frauen und Männern – zwei untrennbare Arten von Treue im wahren Apostel. Dominikus entdeckt seine Berufung in der Berührung mit der leidenden Menschheit und kümmert sich darum, im Dienst an dieser Menschheit treu zu bleiben. Er hat den Schrei des Volkes gehört und seine Berufung zur Verkündigung entdeckt.

In seinem apostolischen Alltag und in seinen kontemplativen Nachtwachen bleibt Dominikus Gott und den Menschen nahe. Intensiv erlebt er die historischen Situationen seiner Zeitgenossen, er interpretiert sie und stellt sich ihnen aus evangelischer Perspektive entgegen. Deshalb blüht seine christliche und apostolische Berufung in der Berührung mit der Menschheit neu auf. Diese Berührung lenkt die Aufmerksamkeit des Dominikus auf den Auftrag Jesu: „Geht hinaus in die ganze Welt und verkündet das Evangelium allen Geschöpfen“ (Mk 16,15). Hier verbinden sich Treue zu den Menschen und Treue zu Jesus.

Diese beiden Arten von Treue beschreiben die wahre dominikanische Spiritualität. Zwischen den beiden Arten von Treue steht Dominikus, ein kontemplativer Beter und ein unermüdlicher Apostel. Es ist bezeichnend, dass er das Matthäusevangelium und die Paulusbriefe mit sich führt, das Evangelium der Mission und die Briefe des Verkündigers.

Dominikus versteht seine Mission als Treue zu den Menschen und zum Auftrag Jesu inmitten der Kirche. Und so versteht er auch seine christliche Berufung als Nachahmer und Nachfolger Jesu.

Die Spiritualität des Verkündigers ist eine Spiritualität der Wahrheit. Das dominikanische Wahrheitsideal ist viel mehr als nur ein akademisches oder intellektuelles Ideal – es ist ein evangelisches Ideal. Außerhalb der Wahrheit ist keine Treue zu Jesus oder zu den Menschen möglich. Außerhalb der Wahrheit gibt es keine wahre dominikanische oder christliche Spiritualität.

Außerhalb der Wahrheit wird alles falsch aufgebaut, von daher die Wichtigkeit der Evangelisierung im Aufbau und Wiederaufbau der christlichen Gemeinschaft, und von daher die Wichtigkeit der Wahrheit in der Spiritualität und im Gründungsprojekt des Dominikus. Er hat gut verstanden, dass die Wurzel des Heilungsdramas nicht ein Problem von gutem oder bösem Willen ist, sondern ein Problem von Licht und Finsternis, von Glaube und Unglaube. Das ist das Drama, welches in bewundernswerter Weise im Johannesevangelium reflektiert wird. Es ist die Erfahrung des Menschen, unfähig zur Bekehrung oder Umkehr im Leben zu sein, wenn es ihm nicht wie Schuppen von den Augen fällt und eine Erleuchtung dazwischenkommt – die Entdeckung einer Wahrheit, die für sein Leben neue Horizonte eröffnet. Das Evangelium steht vor der Moral, der Glaube steht vor der Bekehrung.

Diese Voraussetzungen lassen uns den wahren Inhalt des dominikanischen Wahrheitsideals verstehen. Die Dominikanerinnen und Dominikaner haben sich selbst traditionellerweise mit einem hohen Sinn für die objektive Wahrheit charakterisiert, jenseits jeglicher Mystifizierung oder Moralisierung der Wahrheit und des Lebens. Dieses Charakteristikum hat die dominikanische Spiritualität wie auch die dominikanische Evangelisierung und Predigt stark geprägt. Diese Spiritualität der Wahrheit ist in unseren Tagen besonders wichtig, wenn unsere Zeitgenossen bei jeder Konfrontation mit kritischen und objektiven Wahrheitsansprüchen von einer sinnlichen, subjektiven, emotionalen und widerspenstigen Kultur bedrängt werden. Wird der Predigerorden fähig sein, mit einer Spiritualität der Wahrheit als Antwort auf diese Bedrängung zu reagieren?

Die Spiritualität der Evangelisierung ist eine evangelische und apostolische Spiritualität. Die Evangelisierung verlangt vom Verkündiger eine besondere Feinfühligkeit und einen mit dem Evangelium übereinstimmenden Lebensstil.

Dominikus war so scharfsichtig, das dominikanische Predigtmodell zu entwerfen. Weder wollte er das Evangelium durch Zwang noch wollte er seine Predigt durch hierarchische Autorität bestärken. So musste er einen Grund suchen, das Bischofsamt abzulehnen. Er wusste, dass die Evangelisierung nur durch die Kraft des Wortes und durch die Bestärkung des evangelischen Lebens des Predigers wirksam ist. Deshalb bedeutete für Dominikus Verkündiger zu sein eine Form, die evangelische Spiritualität zu praktizieren. Und das evangelische Leben zu praktizieren war die erste Form der Evangelisierung. Das waren tiefe Überzeugungen in seinen Bestrebungen, das wahre apostolische Leben sowohl persönlich als auch im Stil der Gemeinschaft der Apostelgeschichte zu verkörpern.

Das wahre apostolische Leben beinhaltet als fundamentales Merkmal die evangelische Armut. Das ist ein essentieller Wesenszug dominikanischer Spiritualität. Wer den armen Christus predigen will, muss in seinem Leben den armen Christus nachahmen. Die evangelische Armut ist kein einfacher asketischer Verzicht auf materielle Güter. Es ist die Anklage an jeglichen Götzendienst und die Verkündigung des absoluten Wertes des Königreichs. Deshalb war die Armut immer ein tiefes zeugnishaftes und prophetisches Merkmal.

Die evangelische Armut ist auch eine Anklage an menschliche Habgier, die sowohl das Recht des Bruders – vor allem des armen, als auch die Verkündigung der christlichen Werte von Geschwisterlichkeit und Gütergemeinschaft ignoriert. Das ist ein anderer Aspekt seiner zeugnishaften und prophetischen Dimension. Deshalb ist die Praxis evangelischer Armut bereits eine Form des Evangelisierens und Verkündigens des Evangeliums Jesu mit dem Leben. Man muss in einer Welt, die durch die ungerechte Verteilung der Reichtümer und durch die unersättliche Habgier auf Güteraneignung charakterisiert ist, die Evangelisierung mit dem Zeugnis der evangelischen Armut bestärken.

Die Armutspraxis führte Dominikus zu einigen Grunderfahrungen christlicher Spiritualität. Indem er arm lebte, erprobte er zum ersten das Vertrauen auf die Vorsehung. Dieses Vertrauen auf die Vorsehung ist ein Zeichen der Reife hinsichtlich der Praxiserfahrung des Gottesreiches. Er erprobte auch die Geschwisterlichkeit, die sich in der Gütergemeinschaft plastisch ausdrückt, welche Mittlerin der Vorsehung des Vaters ist, der alle Geschöpfe behütet. Und er verstand das Geheimnis der Menschwerdung besser, als er mit den am meisten mit Armut Geschlagenen Solidarität übte.

Eine Spiritualität der Armut ist notwendigerweise eine Spiritualität des Vertrauens auf die Vorsehung, die Glückseligkeit und geschwisterliche *communio*. Aber es ist auch eine Spiritualität des Mitleids, in der Dominikus sich als großer Experte erwies.

Dies sind einige Dimensionen dominikanischer Spiritualität der Evangelisierung. Das Evangelisierungswerk beinhaltet das radikalste Antlitz evangelischer Armut, das in der Hingabe des eigenen Lebens für die Schwestern und Brüder aufgrund des Evangeliums besteht. Inspiriert diese Spiritualität der Armut heute noch das Leben der Dominikanerinnen und Dominikaner und die dominikanischen Gemeinschaften? Wird man unsere aktuelle „prophetische Sterilität" im Zusammenhang mit der Schwächung des Ideals der Armutspraxis sehen müssen? Ist das Armutsproblem nicht die Wurzel vieler unserer gemeinschaftlichen und apostolischen Probleme?

Schließlich ist die Spiritualität der Evangelisierung eine Spiritualität der geschwisterlichen Gemeinschaft. Die Geschwisterlichkeit ist nicht einfach eine moralische Vorschrift, es ist der Kern christlichen Lebens. Deshalb ist verständlich, dass Dominikus eine Verkündigung des Evangeliums einforderte, eine Evangelisierung, die durch Erfahrung und Praxis der geschwisterlichen Gemeinschaft bestärkt wird.

Die dominikanische Predigt ist eine Predigt, die von der Gemeinschaft ausgeht und von ihr bestärkt wird. Das Gemeinschaftsleben ist eine Praxis der evangelischen Werte und folglich ein aktives Zeugnis des Evangeliums, vielleicht das wirksamste Zeugnis. Deshalb wurden die ersten dominikanischen Gemeinschaften *domus praedicationis* – Häuser der Predigt – genannt, auch wenn es sich z. B. um die kontemplative Frauengemeinschaft von Prouilhe handelte.

Die gemeinschaftliche Erfahrung und Praxis steht im Zentrum sowohl dominikanischer Spiritualität als auch im Zentrum der Evangelisierung und Mission des Predigerordens. Der Wiederaufbau der dominikanischen Gemeinschaft ist der beste Weg, um die dominikanische Spiritualität zu erneuern und der Evangelisierung und Mission des Ordens heute Auftrieb zu geben.

Übersetzung aus dem Spanischen:
Thomas Eggensperger OP, Düsseldorf

DOMINIKANISCHE SPIRITUALITÄT

Auf den Spuren von Dominikus Jesus nachfolgen

Frei Betto OP

Edward Schillebeeckx schreibt in einem Artikel über dominikanische Spiritualität, dass „eine endgültige, allround Bestimmung dessen, was dominikanische Spiritualität ist, (…) nicht gegeben werden [kann]“. Denn man kann „kein Endurteil über eine Geschichte geben, die als Geschichte noch voll im Gang ist“[1].

Das bedeutet, dass wir alle heute die dominikanische Spiritualität prägen, wir Christ/-innen, die wir im Charisma von Dominikus unsere Inspiration finden und unsere Nachfolge Jesu nach seinem Vorbild ausrichten. Indem wir uns auf diese Spiritualität beziehen, erinnern wir uns der Symbole und Riten, die sie in der Vergangenheit geprägt haben, wie zum Beispiel die Verehrung Mariens im Rosenkranz. Es geht nicht darum, die Vergangenheit zu verleugnen, aber wir müssen unsere Formen der Andacht und die Gebets- und Aktionsmethoden aktualisieren.

Streng genommen haben wir nur ein Modell der Spiritualität: Jesus von Nazareth. Denn, wie er selbst im Matthäusevangelium sagt, „die Weisheit rechtfertigt sich selbst durch ihre Werke“ (Mt 11,19). Es gibt verschiedene Wege in unserem Leben und in unserer Geschichte, das Projekt Gottes zu verwirklichen. Johannes der Täufer lebte in der Wüste, kleidete sich mit einem Kamelfell und ernährte sich von Heuschrecken und Honig. Jesus durchwanderte Dörfer und Städte, galt als „Fresser und Säufer“ und saß mit Zöllnern und Sündern am Tisch.

---

1 *E. Schillebeeckx*, Dominikanische Spiritualität, in diesem Buch, 43.

Die Vielfalt der Charismen in der Kirche ist ein Werk des Geistes Gottes, erinnert uns Paulus. Die Nachfolge Jesu unterscheidet sich bei Augustinus und Benedikt, Teresa von Ávila und Katharina von Siena, Vincenz von Paul und Martin von Porres, auch weil die Mentalitäten und die Zeiten verschieden sind. Sie unterscheidet sich ebenso je nach der Kultur, von einem Jahrhundert und einem Land zum anderen.

Dominikus reaktualisiert die Kirche

Einer der wichtigen Aspekte, um den Orden und seine Spiritualität zu verstehen, ist nach Chenu der Kontext des Mittelalters. Im 12. Jahrhundert beginnt das System des Feudalismus durch das Aufkommen einer Marktwirtschaft zu verfallen. Der Waren- und Geldfluss ruft auch die Mobilität der Personen hervor. Die Handwerker, die Zünfte und Werkstätten entstehen. Der Prozess der Anhäufung von Reichtum beginnt – das Bürgertum, dessen Reichtum den Seligpreisungen widersprechen, nimmt seinen Anfang. Der Übergang vom Feudalismus zur Stadt, vom Gutsherrn zum Kapital, vom Landbesitz zum Geld geschieht. Die Ära der Verstädterung wird eingeläutet.

Zur Zeit des Dominikus – im 12. und 13. Jahrhundert – war die Kirche eng mit dem feudalen System verbunden, der Klerus hatte wenig theologische und geistliche Bildung, und die Predigt war von der kirchlichen Beauftragung abhängig. In Reaktion darauf entstehen als Kritik am klerikalen Feudalismus Bewegungen, die als häretisch betrachtet, sich in ihrer Spiritualität auf eine tiefe Verehrung der Menschheit Jesu und die Nachahmung des Lebens der Apostel konzentrierten. Es war in diesem Zusammenhang, in dem Franziskus sich entschloss, nicht Priester zu werden, und Dominikus das Bischofsamt ablehnte.

Die Zisterzienser und die Benediktiner blieben eher einer ländlichen Wirtschaft verbunden, die Dominikaner suchten das Tor zu Saint-Jacques in Paris. Sie waren fratres, d. h. Brüder. Der Obere war nicht mehr der Abt, sondern Bruder Prior. Durch ihre Ausbildung haben viele Brüder den Städten zur Emanzipation verholfen, indem sie ihnen neue Verfassungen gaben und ihre Regierungen berieten. „Was alle betrifft, soll von allen beschlossen werden“ – ein Prinzip des römischen Rechtes, das dem Orden immer teuer war. In der Gemeinschaft sind die Beziehungen nicht mehr vertikal, sondern horizontal geordnet. Während einige von der Kavallerie träumten, gründeten Dominikaner und Franziskaner Schulen für Arabisch. Unsere Ausrichtung auf das Evangelium inspiriert sich von der Gemeinschaft der Apostelgeschichte. Deshalb verpflichten die Konstitutionen des Dominikus nicht unter der Strafe der Sünde, im Gegensatz zur Regel des hl. Benedikt. In den Konstitutionen einer Laiengemeinschaft in Bologna, die kurz nach dem Tode von Dominikus geschrieben wurden, heißt es, dass Gott besser gefällt, wenn ihm in freier Liebe gedient wird als in einem obligatorischen Dienst. Die Armut bekommt statt des asketischen einen apostolischen Charakter.

Dominikus, der seiner Berufung treu blieb, die ihm der Herr schenkte, könnte den gängigen Modellen der Spiritualität gegenüber als untreu erscheinen. Er begnügte sich nicht mit den Strukturen einer Kirche, die im Feudalismus gefangen war und deren Abteien und Klöster dem Lebensstil des Adels näher standen als dem Beispiel der Apostel. Er hat nicht die hierarchischen und festen, zentralisierten Strukturen der monastischen Gemeinschaften übernommen. Er zog es vor, klerikale Titel und Beförderungen abzulehnen und seine Gemeinschaften demokratisch zu regieren. Schillebeeckx meint, die dominikanische Demokratie sei der Samen gewesen, der im 20. Jahrhundert als Frucht in der Kollegialität der Bischöfe in der Kirche aufging.

Dominikus hat das Ordensleben revolutioniert, indem er auf die wirtschaftliche Stabilität verzichtete und ein Gemeinschaftsmodell vorschlug, das die feudale Basis der Kirche und der Gesellschaft untergrub. Vor allem entwarf er eine Gemeinschaft von Brüdern und Schwestern, die, der Kirche geweiht, das Wort Gottes durch eine Predigt verkündeten, die sich theologisch aus dem Leben der Armen begründete und im Zeugnis diesem annäherte.

Auf den Spuren von Dominikus Jesus nachfolgen

Die dominikanische Spiritualität leben wir alle – Brüder, Schwestern und Laien, die wir in Dominikus die Inspiration finden, um auf unsere Weise Jesus nachzufolgen.

Das Zweite Vatikanum, wenn es vom Ordensleben spricht (*Perfectae Caritatis*, Nr. 2), unterstreicht, dass die Nachfolge Jesu die oberste Regel jeglicher Form des Ordenslebens ist. Schillebeeckx erinnert deshalb daran, dass die dominikanische Spiritualität nicht als „absolute Norm" betrachtet werden kann. „Die dominikanische Spiritualität" – sagt er – „ist gültig als besondere Modalität des kirchlichen Auftrages, ‚Jesus nachzufolgen'". Für uns bedeutet dies, „in den Fußspuren und im Geist des Dominikus" nachzufolgen.[2] Und der flämische Theologe fügt hinzu: „Wenn die Inquisition zum Beispiel eine Jeanne d'Arc auf den Scheiterhaufen brachte, standen die dabei beteiligten Dominikaner in wesentlichem Widerspruch zum Geist und zur Orientierung des Dominikus. Man war taub und blind geworden für das Entstehen neuer Charismen: eine wesentlich un-dominikanische Lebenshaltung."[3] Schillebeeckx macht auf ein wichtiges Detail aufmerksam: die dominikanische Spiritualität wird gerade auch bestimmt „durch unsere Aktualisierung dieser dominikanischen Familiengeschichte ‚hier und heute', in unserer Zeit. Dominikanische Spiritualität sagt nicht nur, wie es gewesen ist: ‚am Anfang' oder im Lauf der Ordensgeschichte. (…)

---

[2] Ebd. 46.
[3] Ebd. 46ff.

Dominikanische Spiritualität ist (...) eine jetzt lebendige Wirklichkeit“[4], die wir aktuell verwirklichen sollen. Wenn wir das nicht tun, dann wiederholen wir einfach eine Geschichte, die andere vor Jahren erzählt haben, als ob wir kein Kapitel dazuzufügen hätten, in einer Geschichte, die vor uns begann.

Der Gründer der Predigerbrüder suchte eine Alternative zwischen den extremen Tendenzen jener „häretischen“ Bewegungen, die sich in Sekten außerhalb der kirchlichen Gemeinschaft entwickelten oder von den kirchlichen Strukturen absorbiert wurden, wie die Prämonstratenser. Deshalb gründete er das Projekt einer evangelisierenden Bewegung, die gleichzeitig die kirchliche Struktur und das kirchliche Leben erneuerte. Die Dominikaner sollen eine apostolische Gemeinschaft sein, die demokratisch organisiert ist, der Nachfolge Jesu verpflichtet, frei von monarchischen Statuten, außerhalb der feudalen Strukturen, engagiert in der Wanderpredigt und einem Leben geweiht, wo es keinen Bruch in der Einheit zwischen Kontemplation und Aktion gibt.

So wie Jesus gegenüber seinem Cousin Johannes dem Täufer etwas erneuerte, bis zum Punkt, dass er ihm zu widersprechen schien, hat Dominikus den traditionellen Stil des Ordenslebens des Mittelalters subversiv unterlaufen. So müssen auch wir jetzt daran gehen, das Wort Gottes zu aktualisieren, damit es nicht eine sterile Ikone bleibt, die vor dem Hintergrund unserer fundamentalsten Widersprüche verkündet wird. Es ist wichtig, dass es „Sauerteig im Teig“ wird, in dieser Welt am Vorabend des 21. Jahrhunderts und des dritten Jahrtausends. In seinem Artikel *Hat der Orden des heiligen Dominikus noch eine Chance?* kommt Chenu zum Schluss: „Die Chance des Ordens ist die Aktualität der Kirche selbst.“[5]

Für uns in Lateinamerika wird die Aktualität der Kirche durch die Herausforderung des allgemeinen Elends bestimmt.

---

4 Ebd. 47.

5 *M.-D. Chenu*, Hat der Orden des hl. Dominikus noch eine Chance?, in diesem Buch, 97.

Wie können wir von Gott reden, wenn so viele ungerecht leiden und sterben? Das ist Grundfrage der Befreiungstheologie.

„Wie Befreiung und Kontemplation vereinen und artikulieren?“ fragt Carlos Josaphat Pinto de Oliveira in seinem wunderbaren Werk *Kontemplation und Befreiung*, in dem er die Parallelen in der Spiritualität von Thomas von Aquin, Johannes vom Kreuz und Bartolomé de Las Casas herausarbeitet. So schreibt er: „Las Casas predigt die Liebe, die Quelle des Lichtes ist, die dem Leben seinen wahren Sinn gibt und so Lust und Freude des Lebens. Aber das geschieht zum Preis seiner Selbsthingabe. Denn der Gott, der sich in unserer Kontemplation offenbart, ist gegenwärtig und macht sich selbst zugänglich im Armen, im Bedürftigen, im Ausgestoßenen. Um uns die Möglichkeit zu geben, ihm zu begegnen und ihm in Wahrheit zu dienen, inkarniert er sich, wird Fleisch. In seinem Ruhm. Er braucht niemanden. Er zählt auf uns, um den Hungernden zu essen zu geben, die Gefangenen zu besuchen, an der Seite der Obdachlosen, der Landlosen, der Stimmlosen und Aussichtslosen zu sein.“[6]

Merkmale dominikanischer Spiritualität

Der kritische Geist ist eines der wichtigsten Merkmale der dominikanischen Spiritualität. Wir müssen mit einem Bein in dem stehen, was die Tradition an Gesundem an sich hat, und mit dem anderen in der prophetischen Erneuerung. Schillebeeckx erinnert daran, dass die Konstitutionen von 1221 bis 1231 bestimmten: „Unsere Brüder dürfen nicht die Bücher heidnischer Schriftsteller (gemeint ist vor allem Aristoteles) und der Philosophen (gemeint ist die ganze arabische Philosophie, der große ‚Modernismus‘ im Mittelalter) studieren, und ebenso wenig dürfen sie die weltlichen Wissenschaften

---

[6] *C. J. Pinto de Oliveira,* Contemplação e Libertação. Tomás de Aquino, João da Cruz, Bartolomeu de Las Casas, São Paulo 1995, 147.

studieren."[7] Und doch werden Albert der Große und Thomas von Aquin dieser Norm zuwiderhandeln aufgrund und im Namen der dominikanischen Spiritualität.

Unsere Spiritualität hat als weiteres Merkmal den Anspruch, unser inneres Leben zum Ausdruck zu bringen. „Mit Gott oder von Gott reden" ist eine unserer Losungen, die wir von Dominikus kennen. Doch in einer säkularisierten und pluralistischen Gesellschaft kann man nicht predigen, ohne die Regeln des Dialogs zu beachten. Die dominikanische Predigt war nie autoritär, anmaßend und sich aufdrängend. Wenn sie es wäre, wäre sie nicht wahrhaftig dominikanisch. Dominikus lernte die Sprachen Südfrankreichs und der Toskana, gerade um zu verstehen und sich dem einfachen Volk verständlich zu machen, das sich von den Predigten der sog. häretischen Bewegungen verführen ließ. Heute kann sich nicht verständlich machen, wer eine Sprache einer vergangenen Welt spricht. Die Sprache der Ausgeschlossenen und jener, die in unserer Gesellschaft die Entscheidungsmacht haben, zu verstehen, ist für unsere Predigt eine Herausforderung. Deshalb ist es wichtig, hören zu lernen – auf Gott und das Volk. Was dies erfordert, ist ein Gebetsleben, das unseren Geist von anmaßenden Impulsen leert und unser Herz von egozentrischen Neigungen befreit. Vicaire hebt hervor, dass „er (Dominikus) vor allem in der nächtlichen Einsamkeit der Kapelle sich ganz und gar seiner Berufung des Gebetes hingab. So hatte er die Gewohnheit, die Nacht zu verbringen, soweit, dass er in Bologna weder eine Zelle noch ein Bett besaß"[8]. Von Gott reden aus der Kontemplation und nicht einfach von theologischen Begriffen her. *Contemplata aliis tradere* bedeutet Harmonie zwischen dem, was wir predigen, und dem, was wir leben, und die Fähigkeit, mit den anderen die Früchte unseres Gebetes zu teilen. Der hl. Thomas verbin-

---

7 *E. Schillebeeckx*, Dominikanische Spiritualität, in diesem Buch, 43f.

8 *M.-H. Vicaire*, Saint Dominique et ses frères. Évangile ou Croisade?, Paris 1967.

det die Stille mit den Tugenden der Mäßigkeit und der Klugheit. Stillwerden heißt: fähig sein, sich vom Lärm der Welt zurückziehen. Es heißt: schweigen, um Gott reden zu lassen. Es heißt: fähig sein, den anderen zuzuhören; auch nicht meinen, dass mein Wort das letzte sein muss. In der dominikanischen Spiritualität zielt das Stillschweigen darauf ab, das entsprechende Klima für Gebet und Studium zu schaffen. So können wir eine dialogische Beziehung zu den anderen, mit der Natur und mit Gott aufbauen, wie Dominikus.

Pinto de Oliveira schließt sein Buch mit der Bemerkung, dass „vor allem anderen die christlichen Meister der Spiritualität all jenen, die nach der Kontemplation streben und Wege dazu suchen, antworten, ohne Strenge, aber auch ohne auszuweichen: die evangelische Kontemplation-Befreiung ist vor allem ein Werk der Wahrheit. Sie beginnt mit der Glaubensüberzeugung, dass uns wirklich eine Gabe geschenkt ist, damit unser Leben sich tatsächlich verändert. Die christliche Mystik ist das Land des Realismus. Sie gründet in der Wirklichkeit einer Liebe, die das ‚Herz' verändert, die nicht so sehr den Durst nach schönen Gefühlen stillt, sondern die die Fähigkeit fördert, Entscheidungen und Optionen zu treffen, die Dinge, Bedingungen und Situationen auf das Gute hin und mit diesem in Einklang zu verändern. Es geht darum, den Menschen in seiner Ganzheit, als Individuum und in der Gesellschaft zu verändern, im Einklang mit dem, was die Anforderung der Liebe entdeckt und sich in der Barmherzigkeit und im Kreuz Christi darstellt."[9]

Aktuelle Herausforderung an die dominikanische Spiritualität

Das Generalkapitel von Caleruega (1995) unterstreicht die Bedeutung des interreligiösen Dialoges, wenn es von unserer

[9] *C. J. Pinto de Oliveira*, Contemplação e Libertação, a.a.O. 158.

Predigt spricht. Wir müssen uns mit großem Ernst „den großen Religionen der Welt stellen, ohne Glaubensformen und -praktiken der Völker Afrikas, Asiens und Amerikas außer acht zu lassen, auch die implizite religiöse Suche im nihilistischen Denken und in jeder post-christlichen Kultur einschließen. Einige dieser Aspekte sind tief negativ, während andere im wahrsten Sinne des Wortes der Weisheit zuzuzählen sind, die von Gott kommt. Wir müssen es verstehen, diesen Unterschied zu sehen, und begreifen, wie Gott durch andere Kulturen und Traditionen zu uns spricht.“[10] Mit anderen Worten unterstreicht das Generalkapitel die Herausforderung der Inkulturation, die in der lateinamerikanischen Kirche in den letzten Jahren so sehr betont wurde. Angesichts der neoliberalen Globalisierung lädt uns das Generalkapitel ein, „die verheerenden Auswirkungen, die durch die Vergötzung der Marktkräfte verursacht werden..., als ob das Gesetz von Angebot und Nachfrage eine unwidersprochene Wirklichkeit des göttlichen Gesetzes darstellt“[11], aufzudecken. Gemäß dem Kapitel von Caleruega müssen heute drei Aspekte die dominikanische Präsenz prägen:

- die Armut und die Predigt in Grenzsituationen wie Gerechtigkeit und Friede;
- die Wanderpredigt als Bereitschaft zum Dienst;
- der Dialog als Toleranz und Fähigkeit, den Anderen und das Fremde als Träger der Wahrheit zu erkennen.

In der Linie von Albert dem Großen erkennt der Dominikaner die Wahrheit da, wo er ihr begegnet, auch wenn sie nicht im Kleid des Religiösen daherkommt. Es ist dieser Professor des hl. Thomas, um 1200 geboren, der uns lehrt, die vernünftige Erkenntnis der Naturphänomene zu akzeptieren. Gegen alle Vorurteile entdeckte er in Aristoteles, dem griechischen Materialisten, die Quelle für eine Theologie, die den platoni-

---

[10] Akten des Generalkapitels der Definitoren, Caleruega 1995, Nr. 20, 2.
[11] Ebd. Nr. 20,5.

schen Dualismus überwindend die Positivität der Welt und die Trennung von Glaube und Wissenschaft ermöglicht.

Albert lehrt uns in der Linie von Dionysius Areopagita, dass wir beim Beten die Türe schließen müssen, das heißt die Türe der Sinne, damit unser Geist sich von allen Phantasien und Bildern befreien kann. Wir erreichen die Kontemplation nicht durch Gedanken und Vorstellungen und auch nicht ohne ein reines Herz und einen von Sorgen und Ängsten befreiten Geist. Katharina von Siena (14. Jh.) hörte Jesus sagen: „Betrachte mich in der Tiefe deines Herzens." Diese Rückkehr zur Subjektivität ist eine der Charakteristika der aufkommenden Religiosität, die unseren Planeten in einer esoterischen Welle überschwemmt. Die Herausforderung besteht darin, sie als Quelle einer befreienden Praxis zu leben.

Meister Eckhart (gest. 1260) führt uns in eine ganzheitliche Spiritualität *avant la lettre* ein, indem er die Grenzen der Scholastik sprengt, was ihm die Anklage, ein Pantheist zu sein, einbrachte. „Gott ist mir näher als ich mir selbst. So ist er auch dem Holz und dem Stein nahe. Nur dass sie es nicht wissen." Das ist die dominikanische Vision, die die Heiligkeit der Welt als Wohnung Gottes wieder aufnimmt. Eckharts Spiritualität ist intuitiv, verschieden von den Ableitungen und Analogien des Thomas von Aquin.

Eckhart predigte in der Volkssprache. Wie Dominikus wollte er vom Volk verstanden werden. Der Häresie angeklagt starb er, bevor das Urteil ausgesprochen wurde. Simone Weil wird von ihm sagen: „Wenn wahrhafte Freunde Gottes, wie Meister Eckhart nach meiner Meinung einer war, die Worte wiederholen, die sie im Geheimen, inmitten der Stille, während der Vereinigung in der Liebe hörten, und diese im Widerspruch zur Lehre der Kirche stehen, dann ist das einfach, weil die Sprache der öffentlichen Plätze nicht mit jener des Ehebetts übereinstimmt." Eckhart sagt: „Gott ist uns sehr nahe und wir sind von ihm sehr weit entfernt. Er wohnt im Zentrum unserer Seele und wir an der Oberfläche. Er ist unser Verwandter, und doch behandeln wir ihn wie einen Fremden."

Was er uns lehren möchte ist, dass Gott nicht als ein Objekt behandelt werden kann – Objekt unserer Studien, unserer Absichten, unserer Sprache. Er muss unser tiefstes Ich werden. Wenn wir Thomas von Aquin paraphrasieren, können wir sagen, dass wir – indem wir uns aufmachen zur Begegnung mit unserem Selbst – in unserem Innersten einem Anderen begegnen, der nicht ich ist und der dennoch meine wahrhaftige Identität ist. Diese Spiritualität erreichen wir durch ein tugendhaftes Leben, das in der Demut begründet ist, in der inneren Armut und einem Loslassen, das uns hilft, uns von dem zu befreien, was sinnlich ist. Für Eckhart ist das, was Gott in unserem Geist tut, „gleich dem Werk eines Künstlers, der eine Gestalt aus Holz oder Marmor meißelt; er bringt nicht das Bild ins Holz, sondern nimmt nur die Splitter weg, die die Figur verstecken oder zudecken; er gibt dem Holz nichts, sondern nimmt etwas von ihm, hebt etwas hervor, nimmt das Überflüssige weg, bis im Licht das aufleuchtet, was darunter verborgen war." Eckharts Spiritualität ist jene des Umsonst, einer interessenlosen Ethik, ohne jenen Legalismus, der auf Gesetzen und Belohnung beruht. Der Gerechte ist kein Nachahmer Christi, sondern ein anderer Christus, denn Gott handelt in ihm, wie er in seinem Sohn gehandelt hat.

Thomas von Aquin (gest. 1225) würde sagen: „Gott ist in uns, wie er in allem Geschaffenen ist. Wir gehören ihm mehr, als wir uns selbst gehören. Es wäre besser zu sagen: Gott umfasst uns, als: wir haben Gott in uns."

Zusammengefasst beinhaltet die dominikanische Spiritualität:

- Nachfolge Christi, einschließlich dem absoluten Vertrauen in den Vater und in die Gemeinschaft mit den Armen und den Sündern;
- Apostolisches Leben in Gemeinschaft, das in Gebet, Studium und Predigt sein Zentrum hat. Wir vergegenwärtigen uns, was Humbert von Romans sagte: „Das Studium ist nicht das Ziel des Ordens, aber ein wesentliches Element auf dieses Ziel hin";

- Sinn für das Neue, Aufmerksamkeit für die Zeichen der Zeit, Offenheit für neue Charismen; – wie Schillebeeckx sagt: demokratische und flexible Strukturen bewahren, die keine Türen zuschlagen.

Es ist bezeichnend, dass die Dominikaner ihre Konstitutionen nie der päpstlichen Approbation unterbreiteten, was uns erlaubte, sie den neuen Umständen entsprechend anzupassen. Es lohnt sich, auch ein anderes besonderes Merkmal des Ordens hervorzuheben, das Prinzip der Dispens, das uns erlaubt, die persönlichen Charismen zu fördern, ohne dass sich jemand verpflichtet fühlt, das zu tun, was alle anderen tun. Schließlich macht die dominikanische Spiritualität das Gemeinschaftsleben zum Mittel, durch das wir in der Dynamik der Liebe personalisiert werden, die uns in Gott und im Nächsten dezentralisiert.[12]

Übersetzung aus dem Portugiesischen:
Viktor Hofstetter OP, Rom – Luzern

---

[12] Weitere Literatur zum Thema: *F. Martínez Díez*, Domingos de Gusmão o Evangelho vivo, CIDAL 1987; *A. Ortega*, A mística e os místicos. Do amor que excede todo o corchecimento, São Paulo 1990.

AUTORENVERZEICHNIS

Guy Bedouelle OP, Dr. theol., geb. 1940, Professor für Kirchengeschichte an der Theol. Fakultät der Universität Freiburg i.Ue.

Frei Betto OP, geb. 1944, Theologischer Berater in der Arbeiterpastoral im Bistum São Paulo/Brasilien; lebt in São Paulo.

Maria-Dominique Chenu OP, Dr. theol., geb. 1895 – gest. 1990.

Yves Congar OP, Dr. theol., Kardinal, geb. 1904 – gest. 1995.

Ulrich Engel OP, Dr. theol., geb. 1961, Studentenmagister der Dominikaner-Provinz Teutonia, Lehrbeauftragter für Philosophie an der Phil.-Theol. Hochschule Münster; lebt in Düsseldorf.

Raphaela Gasser OP, Dr. phil., geb. 1934, Germanistin und Lehrerin; lebt in Ilanz/Schweiz.

Meinolf Lohrum OP, Dr. theol., geb. 1935, Ordenshistoriker; lebt in Köln.

Felicísimo Martínez Díez OP, Dr. theol., Lic. phil., geb. 1943, Professor für Theologie und Philosophie in Madrid und Caracas/Venezuela; lebt in Madrid.

Franz Müller OP, Lic. theol., geb. 1951, Vortragstätigkeit zur Ordensgeschichte und -spiritualität; lebt in Zürich.

Edward Schillebeeckx OP, Dr. theol., geb. 1914, Professor em. für Dogmatik an der Theol. Fakultät der Universität Nijmegen; lebt in Berg en Dal / Niederlande.

Simon Tugwell OP, Dr. theol., geb. 1943, Direktor des „Historischen Instituts“ des Dominikanerordens an der Pontificia Università San Tommaso d’Aquino „Angelicum“ in Rom.

NACHWEISE

MEINOLF LOHRUM OP, *Zur dominikanischen Spiritualität:* Erstveröffentlichung in: *Anton Rotzetter* (Hrsg.), Geist und Geistesgaben. Die Erscheinungsformen des geistlichen Lebens in ihrer Einheit und Vielfalt (Seminar Spiritualität Bd. 2), Benziger: Zürich 1980, 145-160. Wiederabdruck mit freundlicher Genehmigung von Anton Rotzetter OFM-Cap, Altdorf/Schweiz.

EDWARD SCHILLEBEECKX OP, *Dominikanische Spiritualität:* Erstveröffentlichung in deutscher Übersetzung (Hugo Zulauf) in: *Edward Schillebeeckx,* Das Evangelium erzählen, Patmos: Düsseldorf 1983, 294-313. Wiederabdruck mit freundlicher Genehmigung des Patmos-Verlags, Düsseldorf.

FRANZ MÜLLER OP, *Die Utopie des Predigerordens. Eine Skizze zum Wesen des Dominikanischen:* Erstveröffentlichung in: *Geist und Leben 56* (1983), 262-266. Wiederabdruck mit freundlicher Genehmigung des Autors.

GUY BEDOUELLE OP, *Dominikus oder die Gnade der Verkündigung:* Erstveröffentlichung unter dem Titel „Dominique ou la grâce de la prédication", in: *La Vie Spirituelle* 139 (1995), 7-19. Vorliegende Erstveröffentlichung in deutscher Übersetzung mit freundlicher Genehmigung der Éditions du Cerf, Paris. Übersetzung aus dem Französischen: Peter Spichtig OP, Freiburg i.Ue. – Oakland/USA.

YVES CONGAR OP, *Der Orden der Prediger in der Welt von heute:* Erstveröffentlichung unter dem Titel „Prêcheurs dans le monde de ce temps", in: *Osservatore Romano* vom 30.8.1983; Wiederabdruck in: *La Vie Spirituelle* 139 (1995), 35-38. Vorliegende Erstveröffentlichung in deutscher Übersetzung mit freundlicher Genehmigung der Éditions du Cerf, Paris. Übersetzung aus dem Französischen: Urban Federer OSB, Einsiedeln – Freiburg i.Ue.

MARIA-DOMINIQUE CHENU OP, *Hat der Orden des heiligen Dominikus noch eine Chance?:* Erstveröffentlichung unter dem Titel „L'ordre de Saint Dominique a-t-il encore sa chance?", in: *La Vie Spirituelle* 139 (1995), 20-32. Vorliegende Erstveröffentlichung in deutscher Übersetzung mit freundlicher Genehmigung der Éditions du Cerf, Paris. Übersetzung aus dem Französischen: Maximiliano I. Cappabianca OP, Düsseldorf – Paris.

RAPHAELA GASSER OP, *Dominikanische Spiritualität:* Erstveröffentlichung in: *Wort und Antwort* 30 (1989), 114-117. Wiederabdruck mit freundlicher Genehmigung der Autorin.

SIMON TUGWELL OP, *Die Spiritualität der Dominikaner:* Erstveröffentlichung in deutscher Übersetzung (Cordula Drossel Brown / Maria Ottl / Elisabeth Tocha-Ring) in: Jill Raitt in Verb. mit Bernard McGinn und John Meyendorff (Hrsg.), Geschichte der Christlichen Spiritualität, Bd. 2: Hochmittelalter und Reformation. Mit einem Vorwort von Josef Sudbrack, Echter: Würzburg 1995, 35-50. Wiederabdruck mit freundlicher Genehmigung des Echter-Verlags, Würzburg.

FELICÍSIMO MARTÍNEZ DÍEZ OP, *Die Spiritualität des heiligen Dominikus und die dominikanische Spiritualität:* Erstveröffentlichung unter dem Titel „La espiritualidad de Santo Domingo y la espiritualidad dominicana", in: *Felicísimo Martínez Díez OP*, Espiritualidad dominicana. Ensayos sobre el carisma y la misión de la Orden de Predicadores, Edibesa: Madrid 1995, 17-38. Vorliegende Erstveröffentlichung in deutscher Übersetzung mit freundlicher Genehmigung der Editorial Edibesa, Madrid. Übersetzung aus dem Spanischen: Thomas Eggensperger OP, Düsseldorf.

Frei Betto OP, *Dominikanische Spiritualität – Auf den Spuren von Dominikus Jesus nachfolgen:* Erstveröffentlichung unter dem Titel „Espiritualidade Dominicana – Seguir Jesus nos passos de Domingos“ [Manuskriptdruck]. Vorliegende Erstveröffentlichung in deutscher Übersetzung mit freundlicher Genehmigung des Autors. Übersetzung aus dem Portugiesischen: Viktor Hofstetter OP, Rom – Luzern.